T0244842

CORAZÓN CÁLIDO, MENTE SERENA

Diseño de portada: Editorial Sirio, S.A.
Maquetación: Toñi F. Castellón

© de la edición original
2023, Claudio Araya Véliz y Gonzalo Brito Pons

© de la presente edición
EDITORIAL SIRIO, S.A.
C/ Rosa de los Vientos, 64
Pol. Ind. El Viso
29006-Málaga
España

www.editorialsirio.com
sirio@editorialsirio.com

I.S.B.N.: 978-84-19105-86-8
Depósito Legal: MA-529-2023

Impreso en Imagraf Impresores, S. A.
c/ Nabucco, 14 D - Pol. Alameda
29006 - Málaga

Impreso en España

Puedes seguirnos en Facebook, Twitter, YouTube e Instagram.

 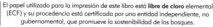

Claudio Araya Véliz

autor de *Humanidad compartida*

y

Gonzalo Brito Pons

autor de *Mindfulness y equilibrio emocional*

CORAZÓN CÁLIDO, MENTE SERENA

*Orientando la vida hacia los cuatro
inconmensurables*

EDITORIAL
SIRIO

A nuestras madres,
María Alicia Véliz y *Ana Pons Bufarull*

▌Índice

Introducción

UNA VIDA INCONMENSURABLE

Antes de iniciar esta lectura, te queremos invitar a tomarte un momento para leer con atención y calma las siguientes preguntas. Te invitamos a que simplemente indagues en tu experiencia y abras un espacio para cualquier respuesta que emerja desde tu interior:

- Cuando tienes un momento de presencia y conexión, ¿habitualmente puedes expresarlo con palabras?
- Cuando estás enamorado, ¿son suficientes o insuficientes las palabras para dar cuenta de lo que sientes?
- ¿Podemos medir el cariño que sentimos por un hijo o por un ser querido?
- Las experiencias de sentir alegría y tristeza, ¿puedes medirlas? ¿Cómo? ¿Es fiel esa medida?
- Finalmente, ¿no es acaso nuestra vida completa inconmensurable?

Quizás algunas de las respuestas que han emergido ante estas preguntas evoquen la dimensión de lo que va más allá de las palabras, la dimensión de lo inconmensurable, no como una palabra o concepto abstracto más, sino como una condición inherente de la experiencia de estar vivos.

Nuestra vida no se acota a los límites de nuestras ideas sobre ella, ni siquiera cuando hacemos una estimación generosa de su amplitud o cuando construimos grandes teorías para tratar de explicar lo que nos ocurre. Nuestras ideas y teorías pueden sernos útiles, sin embargo, en última instancia las reconocemos como insuficientes, tal como el menú de un restaurante es apenas una referencia abstracta de la experiencia de saborear la comida. Las descripciones que hacemos de nuestra experiencia usualmente son insuficientes para explicar fielmente la riqueza de los matices y contradicciones inherentes al vivir. Como advierte la sabiduría budista, no debemos confundir la luna con el dedo que apunta a la luna.

«Inconmensurable» es una palabra que seguramente utilizamos poco, pero que creemos importante rescatar y volver a utilizar, porque nos ayuda a describir un aspecto especialmente relevante y poco tratado de la experiencia humana, que es su condición de irreductible. Nuestra vida es vivida más allá de nuestras descripciones, comentarios y relatos, lo inconmensurable apela a resaltar que existe una cualidad dinámica que, por más que intentemos, no podemos aprehender ni capturar de modo fiel.

Según el diccionario de la lengua española (Real Academia de la Lengua, 2021) *inconmensurable* es un adjetivo que describe algo que por su tamaño o amplitud no puede medirse completamente. Cuando calificamos algo como inconmensurable, queremos indicar que, en algún sentido, ese algo es inabarcable, difícil o imposible de dimensionar.

Si llevamos el adjetivo *inconmensurable* a la experiencia humana, podemos reconocer que en ella efectivamente no hay límites preestablecidos, salvo los que vamos imponiendo nosotros mismos. No hay un manual de instrucciones que nos indique cómo tenemos que vivir, como mucho podemos oír buenas o malas sugerencias, pero son solo eso, sugerencias. Si lo consideramos con rigurosidad, podemos ser conscientes de que la experiencia humana no es lineal y a menudo hay eventos que nos sacan de la zona de confort. La vida no puede ser encasillada o explicada por una fórmula o modelo único y, aunque realicemos sistemáticos esfuerzos por entenderla y explicarla, la experiencia vivida resulta ser más compleja e impredecible que nuestras ideas. Y nuestros febles intentos por comprender a cabalidad la experiencia están condenados a ser parciales e insuficientes.

Estos intentos por acotar la experiencia se ven bien reflejados en un clásico cuento sobre Mula Nasrudin (Shah, 2013). Un día Nasrudin, quien trabajaba en la corte del rey, se encontró un halcón real, el cual no calzaba con su idea de pájaro ya que él solo conocía a las palomas y creía que todos los *pájaros* «debían» ser como ellas, por lo que el halcón se salía de sus moldes mentales. Para hacer calzar al extraño pájaro con sus expectativas, Nasrudin trató de ajustar al halcón a su idea de pájaro, limando sus garras, tiñendo su plumaje y cortándole el pico, y, cuando concluyó su tarea, muy orgulloso y emocionado declaró: «¡Al fin, ahora sí, este sí es un verdadero pájaro!».

Muchas veces nos relacionamos con nuestras vidas del mismo modo en que lo hizo Mula Nasrudin con este halcón real. Tratamos de hacer calzar a toda costa la experiencia que estamos viviendo con lo que creemos que debería ser, incluso aferrándonos a ideales y reglas, en vez de entrar en contacto con la experiencia directa tal cual está sucediendo. Sin embargo, tal como ocurrió con el halcón real del cuento, a menudo la realidad se resiste a ser amoldada a nuestros cánones mentales.

Por supuesto, no podemos vivir sin ideas ni creencias, ya que estas forman parte constitutiva de nuestra experiencia humana. El punto que queremos resaltar es que muchas veces la vida queda oculta detrás de las ideas que tenemos de ella. Nos aferramos a nuestras explicaciones —con un cierto temor a cuestionarlas— y a la sensación de seguridad y control que nos brindan. Pero ¿no es esa misma sensación de seguridad y control una ilusión?

¿Qué pasaría si hiciéramos el esfuerzo de soltar paulatinamente nuestras ideas preconcebidas, para comenzar a entrar en contacto de modo más directo con nuestra experiencia? Esto puede sonar atemorizante, pero ¿qué es lo peor que podría ocurrirnos? Más aún, ¿no pagamos ya un precio demasiado alto por vivir aferrándonos a nuestras ideas de «como tiene que ser un pájaro»? ¿No nos estaremos perdiendo partes preciosas de la vida que simplemente no estamos percibiendo?

Aunque no sea tan evidente a primera vista, ejercemos un grado de violencia al imponer nuestras preconcepciones a los demás, a nosotros mismos y al mundo en que vivimos. ¿No sería más sensato asumir que la experiencia misma es inconmensurable, y que nuestras certezas son solo construcciones provisorias?

Por supuesto, es más fácil decir o escribir estas ideas que vivirlas, sin embargo, creemos que vale la pena hacer el esfuerzo de aflojar el aferramiento a nuestras ideas como certezas y quizás partir indagando desde una perspectiva de curiosidad radical: comenzar reconociendo que no sabemos y que necesitamos explorar con curiosidad lo incierto que va emergiendo en nuestra experiencia.

Nosotros, como cualquier lector de este libro, hemos afrontado momentos difíciles de cambio repentino, episodios vitales en que nuestros planes simplemente se vinieron abajo y tuvimos que responder del mejor modo que nos fue posible. Recuerdo (Claudio), por ejemplo, uno de esos momentos hace aproximadamente un año, cuando mi hermano mayor falleció repentinamente, sin aviso previo, sin tener enfermedades de base, él simplemente sintió un dolor en la pierna izquierda y, tras ir a comprar un medicamento a la farmacia, sufrió un paro cardiorrespiratorio y a los pocos minutos falleció. Yo estaba a más de dos mil kilómetros de distancia y eran tiempos de cuarentenas y restricciones de movilidad entre las regiones de Chile por la pandemia.

Pocas veces en la vida he recibido una noticia como esa, tanto en el contenido como en la forma. Me llamó un policía de la ciudad en la que estaba mi hermano para contarme la situación y, aunque por un lado lo que escuchaba me parecía irreal, al mismo tiempo tenía la claridad de que era cierto, de que no era una broma de mal gusto. De un minuto a otro el guion de mi vida cambió radicalmente. Cualquier plan personal y familiar se desmoronó en ese momento y de pronto reconocía sin lugar a dudas que, aunque no lo notara en lo cotidiano, la vida tiene un guion propio, independiente de mis intereses y planificaciones, y que de repente, ese guion estaba teniendo un giro radical. Mi vida, como cualquier otra vida, por más ordenada y segura que parezca, no está libre de cambiar radicalmente en cualquier instante. Junto con la tristeza de la pérdida emergió también de esta situación dolorosa la oportunidad de sentir un amor y una conexión desconocidos hasta ese momento.

La experiencia es inconmensurable y nosotros hacemos intentos por entenderla, aunque nunca lo logremos del todo. Quizás es mejor reemplazar los intentos de controlar —o de «hacer calzar»— por indagar, explorar, amar, cuidar, aprender y desaprender, una y otra vez, en una continua danza en la cual estamos completamente implicados. Esta danza parece ser una mejor estrategia que la rigidez o el aferramiento, reconociendo con humildad que genuinamente no sabemos qué ocurrirá un par de compases más allá. La vida está abierta y nuestra perspectiva es acotada. Como dice un viejo proverbio: «Si quieres hacer reír a Dios, cuéntale tus planes».

Por supuesto, no se trata que desechemos todo lo que hemos aprendido hasta ahora, lo cual no es posible ni deseable. Se trata más bien de ir cultivando, poco a poco, una actitud de apertura y asombro, porque genuinamente es asombroso vivir esta curiosa y frágil vida humana.

Si nos acercamos con curiosidad y respeto entendemos que no conocemos los límites de la vida, sin embargo, tenemos la posibilidad de cultivar una mente serena y un corazón cálido para vincularnos desde esa actitud con el tiempo limitado de vida que nos ha tocado vivir. Nacemos y estamos abiertos a lo incierto, somos posibilidad, y podemos elegir conscientemente el tipo de relación que queremos establecer tanto con el mundo, como con los demás y con nosotros mismos.

Muchos animales no humanos tienen trayectorias de vida más definidas instintivamente que la nuestra. Por ejemplo, conociendo un perro cuando es cachorro, podemos tener bastante claridad de cómo va a ser en su madurez biológica. En cambio, mirando a un bebé humano recién nacido, se abren una amplia gama de posibilidades que no están definidas. Miramos a un niño e intuimos que probablemente llegará a ser adulto, pero ¿qué tipo de adulto será?, ¿será un buen ser humano?, ¿a qué se dedicará?, ¿cómo contribuirá a su entorno?, ¿será más bien feliz o infeliz? Todo esto nos resulta incierto.

Nuestra capacidad de ser autoconscientes y de elegir qué intenciones, motivaciones y acciones cultivar nos permite abrirnos a formas de vida muy diferentes y a realizar cambios mucho más radicales que los miembros de otras especies. La vida humana es una experiencia indeterminada y ese es uno de sus grandes regalos y desafíos: quienes llegamos a ser depende, al menos en parte, de lo que cultivamos. Vivir es un constante acto de autocreación.

Quizás uno de los aspectos más centrales sobre los cuales tenemos la libertad de elegir sea el modo en que nos concebimos a nosotros mismos y a los demás. Podemos elegir tratarnos como un objeto, como un «eso», como diría Martín Buber (y podemos tratar de la misma manera a los demás), o podemos elegir tratarnos como un «tú» estableciendo una relación de cuidado y apertura con nosotros mismos, un tipo de relación que reconozca y honre nuestra condición y dignidad de sujetos, aceptando que somos seres indeterminados y con un camino abierto por transitar. Vivir una preciosa vida humana implica ejercer esta libertad, tomar continuamente decisiones y asumir la responsabilidad por ellas. Vivir conscientemente implica elegir relacionarnos con los demás con un creciente respeto y cuidado, ya que ninguno de nosotros es meramente una «cosa más en el mundo», sino que somos seres singulares, únicos e irrepetibles que estamos en esta vida desarrollándonos, creciendo y aprendiendo.

Como somos seres en apertura, lo que elegimos cultivar en nuestras vidas es especialmente relevante, ya que lo que practicamos (de manera deliberada o en piloto automático) tiene el potencial de ampliarse, crecer y desarrollarse. Por ejemplo, si entrenamos sistemáticamente la actitud de aprecio, nos daremos cuenta de que cuanto más la practicamos más va creciendo y ampliándose, y nos volveremos personas con una mayor capacidad apreciativa. Por supuesto, también podemos cultivar y entrenar la desconfianza y la ambición, y así nos volvemos más desconfiados y ambiciosos con el tiempo. Como nos convertimos en lo que hacemos, tenemos una enorme responsabilidad existencial en quienes acabamos siendo. ¿Qué ocurriría si tomáramos la firme determinación de cultivar nuestra mente-corazón para contribuir al bienestar de todos los seres? ¿Cómo podemos educarnos para contribuir de manera práctica a nuestra felicidad y la felicidad de quienes nos rodean? Guiados en parte por estas preguntas es que nace la motivación de escribir el presente libro.

A partir de nuestras propias experiencias y reflexiones, queremos indagar, profundizar nuestra comprensión y compartir contigo el desarrollo de cuatro habilidades fundamentales que están al servicio de contribuir al bienestar humano y que además son habilidades cultivables. Estas habilidades han sido practicadas en diversas tradiciones y, especialmente, en la tradición budista, donde se las ha denominado *los cuatro estados inconmensurables de la mente* o *las cuatro moradas sublimes*. Se han practicado sistemáticamente desde hace más de veinticinco siglos hasta el día de hoy. Estas cuatro habilidades son la ecuanimidad, el amor, la alegría y la compasión.

Estas enseñanzas tienen sus raíces en el hinduismo y ahí se las denominó las cuatro moradas de Brahma o los cuatro Brahma *Viharas* en pali (Nhat Hanh, 2018). En el transcurso del libro queremos explorar en especial su cualidad de moradas o refugios, comprendiéndolos como espacios subjetivos e intersubjetivos donde no solo podemos sentirnos bien, sino donde también nos volvemos plenamente humanos junto a otros. Los cuatro inconmensurables nos conectan, asimismo, con lo divino, entendido como un modo de estar en lo cotidiano que nos alinea con lo noble y lo sublime. Son precisamente la ecuanimidad, el amor, la alegría y la compasión las moradas que contribuyen al florecimiento humano.

En uno de los escritos budistas más antiguos sobre lo que hoy llamaríamos regulación emocional se dice que un brahmán —un devoto de Brahma (dios de la tradición hinduista)— vino hasta donde estaba el Buda y le preguntó cómo podía unir su mente con la mente de Brahma. En un bello gesto de empatía, el Buda no le respondió algo como: «Mira, me encantaría ayudarte, pero te equivocaste de *ashram*, acá no creemos en Brahma». Al contrario, el Buda le respondió tal como recomendó Carl Rogers hablar a los pacientes en la psicoterapia centrada en la persona, unos dos mil quinientos años después: usando el lenguaje del otro y practicando una «consideración positiva incondicional». Usando su lenguaje «rogeriano», el Buda le dijo al brahmán que para unir su mente a la mente de Brahma y para morar con él debía practicar las cuatro moradas de Brahma. Estas moradas son: el amor benevolente (*metta*), la compasión (*karuna*), la alegría empática (*mudita*), y la ecuanimidad (*upekkha*). Le aconsejó que cultivase estas cuatro cualidades en su mente y en su corazón, ya que si Brahma era la personificación del amor, la compasión, la alegría y la ecuanimidad, una mente que tuviese tales cualidades no podría estar muy lejos de él. Además, argumentó el Buda, cultivar estas actitudes celestiales tiene sentido, tanto si hay una vida después de la muerte como si no la hay: si la conciencia sobrevive a la muerte, haber cultivado dichas cualidades le llevaría a una reencarnación afortunada o al cielo; y en caso de que no existiese vida después de la muerte, una vida basada en el amor, la compasión, la alegría y la ecuanimidad sin duda sería una vida que vale la pena vivir.

A estas cuatro cualidades a menudo también se las llama *los cuatro estados inconmensurables de la mente*, un término que sugiere la idea de que no son recursos que se agotan. Se llaman inconmensurables porque tienen el potencial de crecer y ampliarse sin límites. Este mensaje de abundancia es importante, ya que a menudo nuestra perspectiva nos aprisiona en una mirada de escasez.

Cuando miramos el mundo desde una perspectiva estrecha y desde el miedo a la escasez, tendemos a caer en una mentalidad competitiva y vivimos con una cierta amenaza por los recursos limitados, calculando lo que damos de acuerdo a lo que esperamos recibir a cambio. Si vemos el amor, la compasión o la alegría como recursos limitados, es natural que surjan expectativas y ansiedades, sin embargo, esta ansiedad se desvanece si reconocemos el amor y la compasión como lo que son, recursos infinitos. Todas las tradiciones de sabiduría enseñan que cuanto más cultivamos estos estados constructivos de la mente/corazón, más abundantes y accesibles se vuelven para nosotros mismos y para los demás. También sabemos, por la investigación contemporánea sobre las emociones positivas, que estas cualidades son bastante contagiosas (ver por ejemplo Fredrickson, 2013). Cuando ponemos en práctica con sistematicidad los inconmensurables en nuestra vida cotidiana, pueden realmente ampliarse. Este libro trata precisamente de estas habilidades inconmensurables y del potencial de aplicación que pueden ofrecernos en estos tiempos complejos.

RE-IMAGINANDO LO QUE ESTÁ POR VENIR

La mejor forma de predecir el futuro es inventarlo.

–Alan Kay

Somos conscientes de que el mundo que habitamos hoy y las crisis que estamos enfrentando son en gran medida resultado de la cosmovisión y de las acciones que nuestros antepasados y nosotros mismos hemos realizado en el pasado. De manera análoga, nuestra visión actual define el mundo que tendremos mañana. En este punto radica la importancia de elegir la visión que cultivamos. Creemos que existe un enorme potencial en cultivar una perspectiva de florecimiento humano que sustente la posibilidad de nutrir nuestra mente-corazón de un modo cotidiano, encarnado y relacional.

Byung Chul Han, en uno de sus libros más conocidos titulado *La sociedad del cansancio* (Han, 2014), afirma que una de las características centrales de la sociedad actual es la autoexplotación y el consecuente desgaste generado y autoperpetuado. El modo en que percibimos el mundo y a nosotros mismos nos está llevando al agotamiento, pero este agotamiento no es algo impuesto por un orden externo, sino más bien es una especie de opresión autoinfligida. En la autoexplotación caemos en la curiosa paradoja de ser víctimas de nuestras propias exigencias internalizadas y, como resultado, terminamos viviendo estados de depresión, ansiedad y angustia. Este es un modo sufriente de relacionarnos con nosotros mismos, pero no estamos condenados a perpetuarlo: al ser una construcción social podemos cuestionarla para elegir otro camino y construir una forma distinta de vivir.

Considerando esta encrucijada, nos hacemos las siguientes preguntas: ¿De qué forma el entrenamiento sistemático en la ecuanimidad, el amor, la alegría empática y la compasión podría contribuir al desarrollo de una visión más saludable?, ¿entrenar estas habilidades puede ofrecernos un camino alternativo a la autoexplotación y la explotación de los demás? Hoy tenemos la posibilidad, o más bien la urgencia, de reimaginar el mundo en que vivirán las próximas generaciones; un mundo donde esperamos que prevalezcan la fraternidad, la empatía, la compasión y el reconocimiento de una común humanidad. Transitar un camino alternativo no es una tarea sencilla y tampoco depende de una sola persona; es un proyecto que requiere de una visión compartida, pero también implica un compromiso ético y práctico. Para construir algo que no existe tenemos que asumir la tarea de, en primer lugar, ser conscientes de nosotros mismos, de nuestros sesgos, actitudes y modos de actuar para poder cuestionarlos y elegir con mayor libertad, y desde ahí co-construir nuevas maneras de relación, aunando el hacer con el ser, encarnando el cambio que queremos ver en el mundo.

El momento presente es importante en sí mismo, pero también lo es porque definirá las posibilidades de lo que aún está por ocurrir, lo cual no solo nos afecta a nosotros, sino que también afecta a las próximas generaciones y, en última instancia, a la humanidad completa y las demás especies con las que compartimos este bello y frágil planeta.

No creemos que el futuro ya esté definido. Si fuera así, no tendría sentido alguno buscar aportar, no habría margen para gestionar ningún cambio y solo nos quedaría resignarnos. Ni siquiera tendríamos motivación alguna para escribir este libro. Creemos que no todo está perdido y que podemos contribuir al cambio, cada uno desde su espacio y contexto. Creemos que el porvenir aún es incierto, y esto es una buena noticia. Lo que vaya ocurriendo dependerá, al menos en parte, de lo que nosotros nos atrevamos a soñar y hacer en conjunto.

El presente libro busca contribuir de manera reflexiva y práctica al desarrollo de una visión más colaborativa, interdependiente y compasiva. Su contenido nace de las reflexiones y prácticas compartidas en tres retiros que facilitamos en Chile entre los años 2019 y 2022, retiro que titulamos *Corazón cálido, mente serena*, el cual se centró de manera específica en el cultivo de los cuatro inconmensurables.

Tanto por la práctica personal como por la reflexión, reconocemos que desarrollar estas moradas no solo beneficia a quienes las practican, sino que también contribuye al bienestar de las personas que rodean a quienes las practican, y en un círculo cada vez más amplio, tienen el potencial de beneficiar a todos los seres humanos y no humanos con quienes entramos en contacto.

¿CON QUÉ TE ENCONTRARÁS AL LEER ESTE LIBRO?

Para contribuir con el propósito del libro, cada capítulo incluye reflexiones, ejercicios y prácticas de meditación que también podrás escuchar a través de los audios que encontrarás en los materiales complementarios.

En la primera parte, titulada *Introducción y fundamentos,* nos detendremos en los principios que sustentan y le dan contexto a los cuatro inconmensurables. En el primer capítulo nos detendremos en la práctica de mindfulness, ya que esta es la piedra angular para sustentar las siguientes prácticas propuestas. Sin entrenar nuestra capacidad de dirigir intencionalmente nuestra atención no podemos reconocer ni desarrollar las siguientes habilidades.

En el segundo capítulo repasaremos algunos obstáculos de la práctica, sabiendo que si los reconocemos podemos abordarlos de mejor forma. Si sabemos dónde están los baches del camino, puede ser más fácil recorrerlo. En el tercer capítulo presentaremos algunas perspectivas que provienen de la filosofía y psicología budista, desde la cual emergen las enseñanzas de los cuatro inconmensurables. Aquí pondremos un especial énfasis en las tres marcas de la existencia y las enseñanzas de las cuatro nobles verdades.

En la segunda parte abordaremos en detalle cada uno de los cuatro inconmensurables estados de la mente, comenzando en el capítulo cuarto por la ecuanimidad, siguiendo con el quinto capítulo dedicado al tema del amor. El sexto capítulo está dedicado a la alegría y el séptimo a la compasión. En el octavo capítulo presentaremos una visión integrada, proponiendo formas de aplicarlos a la vida cotidiana y en particular a los tiempos contemporáneos. Finalmente, incluiremos un anexo donde podrás encontrar diversos recursos que tienen por finalidad acompañar y sostener la práctica.

Este libro no propone respuestas fáciles ni rápidas. No es un libro de *tips* ni tampoco ofrece recetas sobre cómo vivir nuestras vidas. Nada más lejos de nuestra intención. Este libro es una invitación a indagar en la propia experiencia, considerando como un posible aporte la propuesta de las cuatro moradas. Aunque es probable que te encuentres con bastante información nueva, te invitamos a reconocer que las semillas de los cuatro inconmensurables ya están disponibles en ti y que este libro tiene el fin de simplemente ayudarte a regar esas semillas en beneficio tuyo y de todos los seres.

ESCUCHAR, REFLEXIONAR Y MEDITAR

Cuánto aproveches este libro y sus contenidos depende solo en parte de lo que está escrito en estas páginas. La otra parte de la ecuación, quizá la central, consiste en qué haces como lector o lectora con las ideas que se proponen aquí. Seguramente todos tenemos la experiencia de haber leído libros inspiradores o de escuchar charlas interesantes y, sin embargo, no haber experimentado un cambio significativo.

En la tradición budista tibetana existe una estrategia de aprendizaje que nos parece simple y eficaz para poder integrar de mejor manera lo que aprendemos. Se trata de *escuchar, reflexionar y meditar*, acciones que podemos ver como los tres pasos o niveles de integración de las enseñanzas que recibimos.

El primer nivel, *escuchar*, consiste precisamente en escuchar con atención (si se está recibiendo una enseñanza oralmente) o leer atentamente (si se está leyendo un texto), manteniendo la mente enfocada en lo que estamos aprendiendo, con una actitud de apertura mental que nos permita considerar desprejuiciadamente la propuesta que estamos leyendo o escuchando. Esto puede sonar bastante simple, pero requiere práctica, ya que a menudo nuestra atención está dispersa mientras escuchamos o leemos algo. También suele ocurrir que leemos simplemente para confirmar lo que ya sabemos. Leer atenta y desprejuiciadamente es una verdadera práctica para la mayoría de nosotros. Además, con frecuencia necesitamos leer o escuchar varias veces algo para comprender lo que alguien nos intenta transmitir, ya que en cada enseñanza hay distintos niveles de significado, algunos más explícitos y otros más implícitos. El punto central del paso de escuchar es poder comprender el sentido de lo que se nos está diciendo.

El segundo nivel, *reflexionar*, implica pasar de una actitud un poco más receptiva –la escucha– a una más activa, en la cual nuestra experiencia vivida y nuestra subjetividad entran en diálogo con lo que hemos escuchado. En la reflexión, nuestra experiencia personal y nuestras visiones de mundo entran en un baile con aquello que estamos aprendiendo. Este es el paso en el cual nos hacemos preguntas que van más allá de comprender lo que se nos dice; lo que nos preguntamos aquí es de qué manera lo que se nos dice nos interpela personalmente. ¿Tiene sentido lo que estoy leyendo en relación a mi propia experiencia? ¿Qué implicaciones tiene esta enseñanza, por ejemplo, de las cuatro nobles verdades (capítulo tres) con lo que estoy viviendo esta semana? ¿De qué manera lo que estoy leyendo puede cambiar la forma en que me relaciono conmigo mismo y con el mundo? En este paso, la *reflexión,* «masticamos» las ideas que se nos proponen con la dentadura de nuestro intelecto y nuestra sensibilidad personal.

En tercer lugar, está el paso de la *meditación*, que en este contexto se refiere a familiarizarse y empaparse con lo que se ha escuchado y reflexionado, de manera que empiece a expresarse orgánicamente en la propia forma de ser y de vivir la vida. Este significado corresponde al término sánscrito *bhavana* o al tibetano *gom* los que suelen traducirse al español con la palabra 'meditación'. *Bhavana* significa 'cultivar', mientras que *gom* significa 'familiarizarse con', por lo tanto, el proceso de meditar sobre una enseñanza consiste en cultivar en nuestra mente/corazón las actitudes sabias que queremos desarrollar, hasta que se nos vuelvan algo natural y completamente familiar.

El gran yogui tibetano Patrul Rinpoche (1808-1887), en su poema «Consejos a mí mismo» sintetizó el beneficio de estos tres pasos en los siguientes versos:

Escuchar las enseñanzas: ya has escuchado cientos de enseñanzas,
pero cuando no has captado el significado de ni siquiera una enseñanza,
¿qué sentido tiene seguir escuchando?

Reflexionar sobre las enseñanzas, aunque las hayas escuchado,
si las enseñanzas no vienen a la mente cuando es necesario,
¿qué sentido tiene seguir reflexionando? Para nada.

Meditar según las enseñanzas
—si tu práctica de meditación aún no está sanando
los estados mentales oscuros— ¡Olvídalo!

Quizá estas palabras de Patrul resuenen con tu aspiración de usar bien tu tiempo leyendo este libro. Al menos nuestra intención es que nuestras ideas y experiencias puedan dialogar constructivamente con tu mente en este viaje en que nos acompañaremos. En este sentido, te invitamos a leer estas páginas sin apuro y teniendo presentes en todo momento tus propias vivencias, rescatando lo que las enseñanzas de las cuatro moradas puedan aportar a tu beneficio de un modo específico.

De corazón, deseamos que lo compartido en este libro y la propuesta que presentamos sea de utilidad para ti y para quienes te rodean. Esperamos que contribuya a seguir cultivando una vida con sentido y conexión, de modo que ofrezca alivio del sufrimiento y promueva el bienestar inmediato y a largo plazo. Que podamos vivir nuestras vidas con mayor alegría, paz, amor, salud y compasión.

Primera parte

Contexto y fundamentos

Capítulo

1

Cultivando la presencia plena (mindfulness)

¿QUÉ ES MINDFULNESS? ¿POR QUÉ NECESITAMOS PRACTICARLO?

Toda nuestra existencia aquí,
comparada con la eternidad pasada,
que fue antes de que nosotros fuéramos,
y con la inmortalidad futura,
que será después de que nosotros hayamos sido,
es pura presencia.

–Hannah Arendt. *Diario Filosófico*

Quisiéramos comenzar prestando atención a la valiosa habilidad de ser conscientes, particularmente de lo que está ocurriendo en el momento presente. Esta habilidad está en juego momento a momento y es parte del trasfondo de nuestra experiencia cotidiana, y quizá por eso mismo puede ser algo difícil de nombrar y describir. En ocasiones lo que está más cerca de nosotros es lo más difícil de observar.

Podemos entender mindfulness precisamente como la capacidad natural de la mente, compartida por todos, de ser conscientes de nuestra experiencia directa mientras la estamos viviendo o, dicho de un modo más coloquial, el reconocimiento en la experiencia de que estamos donde estamos, siendo conscientes de ello mientras lo estamos viviendo. Esta capacidad de darnos cuenta del momento presente puede convertirse en un verdadero punto de inflexión en el extraordinario viaje hacia el florecimiento humano y el cultivo de nuestras habilidades humanas fundamentales.

¿No resulta paradójico que, por un lado, no podamos dejar de estar presentes (ya que nuestro cuerpo, nuestra respiración, nuestros sentidos y el mundo natural, social e histórico siempre están aquí), y, por otro lado, tengamos la sorprendente capacidad de «irnos» de este momento? Los humanos podemos desconectarnos de lo que estamos viviendo de un segundo a otro y dejar de sentir el mundo inmediato. No solo nos es fácil desconectarnos del momento presente y entrar en «piloto automático», sino que a menudo nos cuesta darnos cuenta de que nos hemos ido y recordar volver al momento presente. Tal como afirma Oliver Burkeman (2022), la atención es mala fiscalizadora de sí misma.

Aunque todos reconocemos el valor de estar presentes, con demasiada frecuencia tenemos la percepción de no estar en este momento. Por ejemplo, podemos estar trabajando y a la vez estar pensando en nuestra familia, o cuando estamos con nuestros amigos nuestra mente divaga y emerge con una urgencia inusitada la necesidad de realizar algo, como enviar un correo electrónico, y ni hablar de cómo, de un segundo a otro nuestra atención se va al *smartphone* o a la red social. En realidad, en cualquier momento puede surgir un pensamiento que nos atrapa y nos saca de lo inmediato. Estar presente en nuestra experiencia directa, sea cual sea, puede ser algo realmente difícil de hacer.

Aunque no podemos dejar de vivir la experiencia en el preciso instante, nuestra atención y nuestros pensamientos pueden estar volando por cualquier otro lugar. Podemos así reconocer que nuestra condición humana es, en un sentido, doble: a nivel primario estamos arrojados a vivir en el momento presente y, al mismo tiempo, nuestra mente tiene la capacidad de evadirse de lo inmediato, dando pie a una fluctuación entre quedarnos e irnos. Con entrenamiento, podemos ir cultivando un modo de relación más consciente y amable con nosotros mismos, aprendiendo a habitar el momento presente con más entereza y dignidad.

La palabra que se traduce como mindfulness en inglés y como «atención plena», «conciencia plena» o «presencia plena» en español proviene del término pali *sati*, que a menudo se traduce directamente como 'recordar'. No se trata de recordar el pasado, sino de recordar volver al momento presente, recordar conectar con esta vida que está transcurriendo ahora. Recordar, esta preciosa palabra que en su raíz latina (*recordare*) significa 'volver a pasar por el corazón', es una habilidad humana que nos permite volver a conectar con nuestro propio hogar.

El monje budista del linaje Theravada, Bhikkhu Bodhi, define mindfulness como «recordar poner atención a lo que está ocurriendo en la propia experiencia inmediata con una actitud afectuosa y con discernimiento» (citado en Shapiro, 2009, p. 556). Nos gusta esta definición ya que pone énfasis en dos aspectos de mindfulness que suelen ser olvidados. El primero es la actitud que debemos cultivar al recordar traernos al momento presente. Según Bodhi, la actitud no solo es neutra y desprovista de juicios, también es afectuosa. Esto es importante ya que probablemente uno de los obstáculos principales al practicar mindfulness es la tendencia habitual a criticarnos o frustrarnos con nuestra propia mente al notar lo dispersa que es. Esta invitación a traer una actitud afectuosa a la práctica no solo es amable, sino que es pragmática, ya que la amabilidad de nuestra actitud nos ayuda a relajarnos y a no convertir la práctica en un nuevo alimento para la autocrítica. Al fin y al cabo, si se entra en conflicto con la propia mente, es claro que el que pierde siempre es uno mismo.

El segundo aspecto que nos parece importante tener en cuenta en la definición de Bodhi es la importancia de mantener la capacidad de discernimiento. A menudo se cree que practicar mindfulness es «vivir aquí y ahora», y esto se malentiende como «no pensar y simplemente disfrutar», lo cual puede desconectarnos de la realidad relacional, social, histórica, política, etc. Sin embargo, la práctica de mindfulness no debiese generar un desinterés por lo que está ocurriendo en el mundo ni tampoco generar una falta de conciencia de las consecuencias de las propias elecciones y acciones. Bikkhu Bodhi nos dice aquí que practicar mindfulness no implica «cortarse la cabeza» (dejar de pensar y de tener preferencias), sino aprender a pensar y elegir con sabiduría tomando en cuenta las consecuencias de nuestras acciones.

Como sabemos por experiencia propia, no es fácil recordar volver a prestar atención al momento presente, pero es una experiencia que está al alcance de cada uno de nosotros si la ponemos en práctica. Volver a conectar con la experiencia directa, sintiendo la calidez y acogida de nuestro espacio más familiar e íntimo, es un derecho humano inalienable.

Cuando hablamos de la práctica de mindfulness, creemos importante poner el énfasis en la motivación positiva de recordar *volver al momento presente*, más que en la motivación negativa de *no desconectar del presente*. Proponer la práctica como no hacer algo que nuestra mente tiende a hacer naturalmente abre un espacio a los juicios y a la lucha interior. Querámoslo o no, nuestra mente es altamente distráctil, no hay nada personal en ello y no es algo que dependa de nosotros. Sin embargo, volver con una actitud amable a la propia experiencia es en gran medida lo nuclear de la práctica de mindfulness. Por esto, al guiar y realizar esta práctica enfatizamos el volver amablemente al lugar que en realidad nunca hemos abandonado. Como Jon Kabat-Zinn señala, podemos irnos cien veces del momento presente, sin embargo, también podemos practicar volver con amabilidad cien veces (Kabat-Zinn, 2017).

Eduardo Galeano decía que aun cuando los científicos afirmaban que los seres humanos estamos hechos de átomos, a él le había contado un pajarito que en realidad estamos hechos de historias (Galeano, 1989). Esto tiene un lado hermoso y creativo, pero podemos reconocer que muchas veces nuestra mente está completamente tomada por las historias que nos contamos y estas historias van tiñendo nuestras percepciones. Las historias que dominan nuestra mente son como cantos de sirena, nos atrapan y seducen y tienen el poder de alejarnos del presente. Muchas veces no nos damos cuenta de que estamos atrapados en ese canto. Hasta que no practicamos el detenernos y el estar presentes, no nos damos cuenta de cómo funciona nuestra mente.

Cuando comenzamos a practicar mindfulness, habitualmente ocurre algo que no imaginábamos que ocurriría; no nos sentimos en un estado de serenidad y armonía, sino que, al contrario, uno de los primeros descubrimientos es el reconocimiento directo de nuestra divagación mental o «mente de mono». Por algunos momentos somos conscientes de las historias que nos contamos y nos damos cuenta de que saltamos de una idea a otra sin poder evitarlo, a menudo sin ninguna lógica. En la práctica de mindfulness podemos empezar a vislumbrar cómo estas divagaciones mentales nos arrastran de un sitio a otro, dejándonos a merced de los vaivenes de esta mente de mono.

Cultivar una mayor consciencia implica detectar estos estados de divagación y, en ese reconocimiento, recordar la posibilidad de volver a conectar directamente. Más que crear algo, practicar mindfulness es un develar, es decir, quitar el velo de lo que ya está ahí, pero que no veíamos. Al sentarnos a meditar reconocemos el tropel de pensamientos que antes ni siquiera percibíamos, y esto es sin dudas un gran descubrimiento. Al darnos cuenta de ello podemos preguntarnos: ¿Cómo es posible que todos estos pensamientos hayan estado acompañándome y que no lo haya notado?

Cuando comencé a meditar, alrededor del año 2000 (Claudio) estaba estudiando psicología, y a mis habituales divagaciones mentales personales se sumaron los contenidos provenientes de los estudios. Por momentos sentía que mi mente no se detenía y, para ser honesto, estaba acostumbrado a esto, ya que hasta ese momento no había experimentado algo distinto. La divagación y no estar del todo presente eran simplemente mi normalidad.

Comencé a practicar meditación en un *dojo* zen una vez por semana. Permanecíamos en silencio y en quietud durante cuarenta minutos, sentados en un cojín de cara a un muro. En apariencia, no estábamos haciendo nada y, sin embargo, ya en las primeras sesiones reconocí con una inusitada claridad que no podía dejar de pensar ni de moverme. Era como si los pensamientos arrastraran mi cuerpo de un lado a otro, como si estuviese viendo una película que pasaba ante mis ojos, y ante lo cual no podía hacer nada. El primer gran reconocimiento en la práctica fue contemplar con mucha claridad cómo mi mente no paraba de pensar. Parecía no detenerse en ningún momento, iba saltando de un pensamiento a otro, algunas veces con algo de coherencia, pero muchas otras sin ninguna lógica. Notaba (y sigo notando) que mi mente es una contadora de cuentos que a veces teje tramas sin sentido y le gusta deambular, como alguien a quien le agrada salir a caminar por calles sin un destino claro y que muchas veces se pierde. Ser consciente de esto fue sorprendente, porque por primera vez noté, con total claridad, cómo mi mente deambulaba. Soy consciente de que podría haber vivido perfectamente mi vida así, sin darme cuenta de mí mismo y de mi mente saltarina y cuentacuentos. Podría haber vivido creyendo que mis divagaciones eran la vida.

Estas primeras prácticas fueron especialmente reveladoras. Notaba la diferencia entre los momentos de práctica y el efecto que esta generaba. Poco a poco fui notando cómo se iba despejando un espacio en mi mente. Concluía la práctica con una sensación de mayor ligereza y claridad, como si me quitara un enorme peso de encima, incluso en las prácticas en que mi pensamiento no se detenía ni un instante.

Valoraba (y sigo valorando) que practicar meditación no se trataba de hablar o conversar sobre algo, no era un discurso más, sino un particular «no hacer nada». Se trataba de «hacer» una pausa radical durante cuarenta minutos, algo muy diferente a todo lo que había probado hasta ese momento, incluyendo los discursos, reflexiones y sermones (había participado en una Iglesia evangélica por varios años). Habitar un espacio de silencio y detenerme a observar mi experiencia me resultó asombroso y renovador.

Tuve la suerte de tener una inmejorable guía al inicio de mi práctica, la cual me ayudó a no engancharme en más divagaciones y me invitó a persistir de un modo amable y compasivo, especialmente en los momentos de menor motivación. Aprendí a observar estados emocionales difíciles, notando cómo aparecían, se manifestaban y luego de unos instantes iban cambiando. Esta fue una invitación a indagar amablemente en mi experiencia que terminó transformando mi vida por completo.

Para alguien que estaba estudiando psicología, resultó sorprendente que meditar fuera la primera práctica en la que podía percibir con claridad cómo trabajaba mi mente. La temática de mis estudios, la psicología, sobre la cual estaba leyendo tanto, parecía letra muerta al lado de la experiencia meditativa. Al practicar y observar reconocía que la mente no era un tema teórico que se comprendiese a través de libros o artículos académicos. Estaba descubriendo que yo también tenía una mente a la cual le había prestado una casi nula atención durante mi vida, hasta ese momento.

Este primer reconocimiento de la práctica de mindfulness suele ser sorprendente en varios sentidos. Primero, porque reconocemos que vivimos continuamente en esas divagaciones, y de tan cercanas se nos vuelven habituales, a tal punto que dejamos de reconocerlas. En este momento corremos el riesgo de pensar que no somos buenos para meditar o «que no nos funciona la práctica». En varias ocasiones hemos escuchado decir a nuestros alumnos o participantes de retiros: «Creo que la meditación no es para mí, mi mente es demasiado inquieta». Sin embargo, es precisamente al revés, gracias a la práctica nos estamos dando cuenta ¡al fin! de cómo nuestra mente está trabajando, mientras que antes ni siquiera lo percibíamos y vivíamos sumergidos en ese tropel de pensamientos.

Practicar es como abrir un claro en el bosque, donde por momentos podemos darnos cuenta de que no estamos «atrapados por nuestra mente». Se abre la misteriosa posibilidad de ser conscientes de nuestra propia experiencia como observadores implicados (mas no sobreidentificados) con nuestras vidas.

Traer la atención al momento presente nos brinda la oportunidad de conectar con la vida, no mediante pensamientos o representaciones mentales, sino directamente, de un modo corporeizado y situado. Francisco Varela lo ilustra claramente cuando señala:

Presencia plena significa que la mente, en efecto, está presente en la experiencia corpórea cotidiana; las técnicas de presencia plena están diseñadas para retrotraer la mente desde sus teorías y preocupaciones, desde la actitud abstracta, hacia la situación de la propia experiencia. (Varela et al., 1997, p. 46)

Mindfulness nos permite reconocer las estrategias distractoras de nuestra mente, especialmente la desconexión de la experiencia directa, y nos permite hacer el movimiento de volver a habitar nuestra experiencia de un modo directo.

Al reconocer nuestros patrones y narrativas habituales, reconocemos también que contribuimos a ellas con o sin intención de hacerlo, generando y manteniendo el sufrimiento (¡y qué fácil es sufrir para los seres humanos!). Las emociones se vuelven difíciles cuando entramos en bucles mentales que las perpetúan más allá de lo que es sano y adaptativo. Nuestro cuerpo entra en la activación fisiológica de la emoción y, desde esa fisiología, nuestra mente tiende a generar pensamientos y discursos coherentes con el estado emocional que estamos experimentando. En pocas palabras, nuestro cuerpo y mente pueden entrar en bucles sufrientes sin que nos demos cuenta de lo que está pasando. Las emociones están diseñadas para responder coherentemente a nuestro entorno y para durar poco tiempo. Desde la perspectiva evolutiva cumplen una función específica y puntual (responder del mejor modo posible a los estímulos relevantes), sin embargo, cuando se mantienen en el tiempo a través de la rumiación mental los bucles se perpetúan y pueden terminar desgastándonos.

Al reconocer estos hábitos sufrientes de nuestra mente pueden surgir la vergüenza, la autocrítica y los juicios, por tanto, es importante complementarlo con una actitud comprensiva y compasiva. Reconocer que es parte de nuestra humanidad compartida tener las emociones que tenemos y las respuestas que desarrollamos para intentar lidiar con ello. Sayadaw U Tejaniya lo expresa de modo lúcido cuando señala que la mente no es nuestra, pero somos responsables de ella (Tejaniya, 2016).

Desde una perspectiva evolutiva, Paul Gilbert (2018), psicólogo británico fundador de la terapia centrada en la compasión, nos recuerda que tenemos un cerebro que no elegimos tener (como tampoco elegimos tener los brazos, piernas, y el rostro con el cual nacemos), sin embargo, necesitamos aprender a convivir con nosotros mismos, relacionándonos saludablemente con nuestra mente y nuestro cuerpo.

La práctica de mindfulness es una invitación a contemplar nuestra experiencia humana con todos sus matices e ir debilitando nuestros hábitos reactivos, cultivando la habilidad de no actuar impulsivamente ni seguir alimentando las historias de la mente que mantienen o aumentan el sufrimiento. Habitualmente nuestra mente está en un estado confuso y disperso, lo cual experimentamos como el estado natural. Al practicar mindfulness tenemos la posibilidad de contemplarlo, lo cual nos permite desarrollar un punto de vista diferente.

Parte de la identificación con el estado confuso se debe a que creemos que nos es propio, que forma parte de nuestra naturaleza. Incluso podemos llegar a identificarnos con las expresiones que utilizamos sobre nosotros mismos, como, por ejemplo: «soy impaciente», «soy distraído», o con una mayor carga patologizante: «es que soy depresivo» o «es que nací agresivo». Estas identificaciones refuerzan y *explican* las conductas que tenemos, perpetuándolas recursivamente: la conducta refuerza la etiqueta, y la etiqueta explica la conducta, reificando nuestra identidad. La práctica regular de mindfulness nos permite contemplar nuestra experiencia como nueva y fresca, siendo capaces incluso de observar nuestra propia mente en el momento en que formula creencias y juicios y tomar conciencia de que estas creaciones son insustanciales.

NO SOMOS NUESTROS PENSAMIENTOS

Podemos reconocer que en nuestras vidas están presentes al menos dos dimensiones: la experiencia directa, aquello que vamos viviendo momento a momento, y la dimensión narrativa, que se refiere a los discursos y pensamientos que interpretan lo que vivimos. Podemos reconocer estas dos dimensiones, por ejemplo, cuando caminamos por la calle y, por un lado, vamos percibiendo nuestro entorno y experimentamos las sensaciones de lo que va ocurriendo a nuestro alrededor, y por otro, podemos ir pensando y comentando la experiencia: «quiero llegar a casa» o «me olvidé de escribirle a María». Incluso podemos ir planificando cualquier otra cosa mientras vamos caminando.

La práctica de mindfulness es una invitación a ir reconociendo ambas dimensiones para ser capaces de volver a conectar con la experiencia directa en vez de quedarnos secuestrados por los pensamientos que nuestra mente discursiva va generando. Al reconocer la diferencia entre los pensamientos y la experiencia directa damos un paso muy significativo, el cual puede ser una revelación y una práctica de vida. Este gesto de volver a lo que está vivo ahora abre un espacio de mayor libertad. Esta práctica no consiste en eliminar o anular nuestros pensamientos, sino que practicamos reconocer nuestras narrativas y aprender a relacionarnos con ellas desde una perspectiva más saludable y libre.

Gran parte de la psicología y la terapia occidental se ha centrado en el estudio de los pensamientos y su conexión con las emociones y conductas, y esta perspectiva, aunque ha tenido utilidad, también ha llevado a reducir y circunscribir nuestra experiencia y nuestra identidad a lo que pensamos. Identificar al ser humano con sus pensamientos es como reducir nuestra casa solo a una de sus habitaciones (la de los pensamientos), desconociendo la existencia de otras, quizás algunas más espaciosas, como podrían ser el patio, la cocina o el jardín.

Es triste creer que el hogar se reduce a un solo ambiente, la habitación de nuestros pensamientos. Nuestra mente y nuestros pensamientos son una parte importante e indispensable del hogar, pero no es toda la casa, y de este reconocimiento emerge la necesidad de aprender a relacionarnos con nuestros pensamientos de un modo amable y espacioso, y no ser simplemente gobernados por ellos. Nuestros pensamientos pueden ocupar su lugar sin necesidad de monopolizar nuestra experiencia. Quizá la libertad más radical sea la libertad de tomar distancia de lo que pensamos.

Los humanos somos seres complejos y contradictorios, seres que vivimos en la experiencia directa y en la mente discursiva y que somos movilizados por motivaciones muchas veces contradictorias. En palabras del poeta Nicanor Parra en su poema «Epitafio» somos *un embutido de ángel y bestia* (Parra, 1969/2012). Tomando en cuenta nuestra complejidad y tendencia a la contradicción, se vuelve relevante la pregunta de cómo podemos cuidar mejor de nosotros mismos.

CUIDANDO NUESTRO PROPIO SER

Cuando practicamos la presencia plena cultivamos lo que en la tradición zen se denomina la «mente de principiante» lo cual implica entrenarnos en habitar la experiencia desde el asombro, poniendo en práctica la habilidad que todos tenemos de tocar la experiencia directa, ya que efectivamente cada momento es nuevo, único e irrepetible, y al detenernos podemos entrar en contacto con la vida.

Debido a nuestra tendencia a vivir desde nuestra mente discursiva, los seres humanos vamos estableciendo patrones habituales de pensamiento y conducta, y vamos por la vida con nuestros sesgos que van simplemente reafirmando lo que ya creemos que sabemos. Así la existencia se nos va estrechando y nos vamos volviendo más rígidos y predecibles. Estos condicionamientos, viejos hábitos mentales que hemos practicado y reforzado miles de veces nos hacen ver el mundo y a nosotros de manera rígida. A veces llamamos a estos patrones habituales «los sospechosos de siempre»,[*] y es parte de nuestra práctica de mindfulness comenzar a reconocer a estos sospechosos que nos limitan, nos hacen sufrir y nos hacen generar sufrimiento en otros a partir de nuestras rigideces. Cuando vamos reconociendo nuestros patrones habituales tenemos más libertad para elegir hacer algo distinto y aprender a generar mejores estrategias de autocuidado.

Estos patrones habituales sufrientes son estrategias disfuncionales para navegar los desafíos de la vida. Quizá fueron de mucha ayuda en algún momento, quizá nacieron como estrategias de supervivencia en circunstancias adversas, pero a menudo siguen operando décadas después cuando ya no tienen sentido y solo limitan nuestro vivir. Interpretamos la experiencia desde estas estrategias obsoletas, que operan como moldes prestablecidos, y así miramos sesgadamente lo que nos ocurre. Sin embargo, no estamos condenados a seguir viendo la misma película una y otra vez.

Desarrollar una mayor consciencia de nuestra experiencia se vuelve una forma concreta de cuidar de nuestro propio ser, pasando de habitar nuestra experiencia de un modo repetitivo y conocido, a un modo despierto, abierto y consciente. La práctica de ser más consciente es simple y directa, pero no necesariamente fácil de llevar a cabo, incluso para quienes llevamos muchos años practicando. Sostener la práctica de estar despiertos requiere

---

[*] En referencia a *The Usual Suspects* la premiada película de Bryan Singer, que en Latinoamérica se tituló *Los sospechosos de siempre* o *Sospechosos comunes* y en España *Sospechosos habituales*.

determinación, coraje y, sobre todo, la persistencia de volver a percibir una y otra vez nuestra experiencia tal cual se está manifestando, sin adornos, sin añadidos, sin edulcorantes y, sobre todo, sin huir de ella.

LA DOBLE DIMENSIÓN DE NUESTRO SER ANTE EL AUTOCUIDADO

Mathieu Ricard afirma que aquella parte nuestra que se da cuenta de que estamos sufriendo no está sufriendo (Ricard, 2016), y podríamos agregar que es capaz de cuidarnos. Por ejemplo, cuando nos hacemos una herida en la mano, hay una parte nuestra que está sufriendo un dolor físico, y al mismo tiempo, hay otra parte nuestra que se da cuenta de la situación, y desde este reconocimiento tiene la capacidad de cuidar de la herida. Todas y todos tenemos la capacidad de ser sensibles y vulnerables; y a la vez, tenemos la posibilidad de brindarnos el cuidado y la protección que necesitamos. Ambas partes forman parte de quien somos, y cuando actuamos desde el autocuidado las ponemos a ambas en relación.

Las preguntas fundamentales de la autocompasión podrían ser de enorme utilidad para aquella parte de nuestro ser que necesita cuidado, por ejemplo, podríamos preguntarnos: ¿Qué necesito en este momento?, ¿qué necesito escuchar? Si nos hiciéramos en serio esta pregunta, ¿qué responderíamos?

¿Qué tal si nos tomamos una pausa para resonar con esta pregunta? Tómate un instante para prestarle atención a tu experiencia y preguntarte con honestidad qué necesitas en este preciso momento. Si te animas a continuación podrías escribir lo que aparezca:

_____

_____

_____

_____

_____

_____

_____

_____

_____

La segunda dimensión de nuestro ser ante el autocuidado es aquella que tiene la capacidad de cuidar, la dimensión que escucha nuestras necesidades y es capaz de emprender acciones hábiles para aliviar nuestro sufrimiento. Esta dimensión cuidadora puede aparecer más claramente cuando escuchamos el sufrimiento de otros, y responde con empatía y compasión. Por supuesto, esta capacidad de cuidado no se limita a cuidar de los demás, también puede incluir el autocuidado.

Del mismo modo que podemos entender y ser compasivos con un buen amigo que está pasando un momento difícil, podemos dirigir esta habilidad para cuidar de nosotros mismos, de nuestro sufrimiento. Algunas preguntas que pueden ayudarnos a visibilizar esta dimensión son las siguientes: ¿Cómo suelo ayudar a otros? ¿Cuáles son los principales recursos que pongo en práctica cuando veo que otra persona lo está pasando mal? ¿Qué acciones específicas realizo cuando cuido a los demás? ¿He aplicado alguna vez estas mismas habilidades cuando soy yo quien ha estado pasando por un momento difícil? ¿Cómo podría volver esta capacidad cuidadora hacia mí misma/o?

Por simple que parezca, visibilizar esta doble dimensión de nuestro ser y ser conscientes de ella puede ser terapéutico. El primer paso sería reconocer, escuchar y validar nuestro lado vulnerable, y luego vendría el gesto de abrazarlo y cuidar de él. La integración ocurre cuando nuestra vulnerabilidad es vista y atendida, no por otros, sino por nosotros, cuando desplegamos la habilidad de cuidado hacia todos los seres que lo requieren, comenzando por el ser más cercano que tenemos: uno mismo.

Al ir cerrando este primer capítulo, quisiéramos invitarte a poner en práctica algunas de las ideas que hemos compartido en las páginas previas. Te encontrarás con más invitaciones a lo largo del libro para aterrizar en tu propia experiencia los nuevos aprendizajes. Te recomendamos que te ofrezcas el tiempo para realizarlos de manera consciente y pausada.

PRÁCTICA 1: Reconociendo nuestras necesidades y recursos de autocuidado

Antes de comenzar esta primera práctica quisiéramos compartir algunas indicaciones generales que serán útiles, tanto para esta primera práctica como para las siguientes.

Te recomendamos ir leyendo lentamente cada punto, dejando un tiempo entre un punto y el siguiente para cerrar los ojos por un momento (si esto no te incomoda) y hacer lo que te proponemos a tu propio ritmo. Luego puedes pasar tranquilamente al punto siguiente, sin apuro.

En esta primera práctica encontrarás una tabla, donde aparecen las preguntas que te invitamos a explorar, junto con un espacio para ir escribiendo tus respuestas.

El propósito de esta primera práctica es explorar cuáles son específicamente nuestras necesidades de cuidado y, consecutivamente, cuáles son los recursos con los que contamos para acoger estas necesidades. No hay respuestas correctas o incorrectas y a menudo las respuestas pueden aparecer no como frases en tu mente, sino como imágenes, sensaciones, emociones...

- Podemos detenernos un momento y darnos el tiempo para conectar con este instante, con nuestra respiración y con nuestro cuerpo...
- Podemos abrirnos a indagar en nuestra experiencia inmediata con curiosidad, mediante algunas preguntas, escuchando qué aparece al formulárnoslas.
  » ¿Hay algún ámbito de mi experiencia en el que sienta que necesito mayor atención y cuidado?

- Escuchamos qué emerge. (Si ayuda, podemos escribir en la tabla que aparece en la siguiente página).
- Luego de escuchar y escribir podemos volver un momento a la respiración y a las sensaciones del cuerpo.
- Nos disponemos nuevamente a reconocer qué emerge con la siguiente pregunta:
  » ¿Cuáles son las habilidades que he puesto en práctica para cuidar de los demás?

- Nos damos un tiempo para escuchar qué imágenes, ideas, sensaciones aparecen al formularnos esta pregunta.
- En caso de que nos sea difícil reconocer una respuesta clara, podemos incluir una pregunta complementaria:
  » ¿Qué habilidades me han reflejado otras personas sobre mi capacidad de cuidar y comprender a los demás?

- Nos podemos dar unos momentos para notar qué respuestas van emergiendo y podemos escribirlas en la segunda columna de la tabla.

¿Qué aspectos o dimensiones de mi experiencia actual siento que requieren mayor atención y cuidado?	¿Cuáles son las principales habilidades que he puesto en práctica para cuidar de los demás? ¿Qué habilidades me han reflejado otras personas sobre mi capacidad de cuidar y comprender a los demás?
1.	1.
2.	2.
3.	3.
4.	4.
5.	5.

- Tras el reconocimiento anterior, podemos dar un último paso con las siguientes preguntas:
  - » ¿Cómo podría cuidar mejor de mí?
  - » ¿Hay algunas acciones específicas que podría realizar?

- Escuchamos qué emerge desde nuestro interior y escribimos.

¿Cómo podría cuidar mejor de mí? ¿Hay algunas acciones específicas que podría realizar?	
1.	1.
2.	2.
3.	3.
4.	4.
5.	5.

El hecho de darnos el tiempo y tomar conciencia de aquellos aspectos en que necesitamos atención y cuidado puede resultar de mucha ayuda. Si a este reconocimiento agregamos el reconocimiento de nuestras propias habilidades de cuidado y las ponemos al servicio de nosotros mismos, se abre un camino de integración para cuidar de mejor forma de nosotros mismos y de los demás.

PRÁCTICA 2: Distinguiendo nuestras experiencias de nuestras narrativas

Podemos reconocer la diferencia entre ver un atardecer, las sensaciones y emociones que esta experiencia nos gatilla y, por otro lado, nuestros comentarios e ideas sobre dicha experiencia. El propósito de la siguiente práctica es reconocer y distinguir entre la experiencia directa y nuestras narrativas. Distinguiendo estas dos dimensiones tenemos la posibilidad de disminuir los juicios u opiniones que pueden distanciarnos de la experiencia viva.

Más que tratar de no enjuiciar, simplemente buscamos reconocer la diferencia entre la experiencia directa y nuestros juicios sobre ella.

• Te invitamos a tomarte unos diez minutos para realizar la siguiente práctica, donde puedas contemplar algo natural que tengas a tu alrededor, con la mayor atención posible. Puedes poner una alarma o un temporizador para no tener que preocuparte del tiempo.

• Tómate un momento para centrarte en tu cuerpo y en tu respiración, de manera serena... Posteriormente elige un objeto de tu entorno en el cual puedas focalizar tu atención, podría ser un árbol, una flor o el paisaje que tienes ante tus ojos.

• Tómate un tiempo para explorar e indagar con las siguientes preguntas:

   » ¿Qué estás percibiendo? ¿Qué colores, sonidos, aromas aparecen en tu experiencia presente?

   » ¿Qué sensaciones sientes en este momento? ¿Cómo te sientes?

   » ¿Qué emociones predominan en este instante?

   » ¿Cuáles son los pensamientos que han ido surgiendo? ¿Hacia dónde te han llevado? ¿Por cuánto tiempo? ¿Cómo aparecen y cómo desaparecen?

Estas preguntas son invitaciones para indagar tu propia experiencia, y puede ser útil ver si surgen respuestas.

Tras la práctica, puedes registrar tus observaciones en la siguiente tabla:

Experiencia directa	Experiencia directa	Comentarios o juicios sobre la experiencia
¿Qué contemplé?	¿Cuáles fueron mis emociones y sensaciones?	¿Cuáles fueron mis pensamientos y qué comentarios aparecieron?
Ejemplo: Observé diferentes tonos y colores en el árbol que tengo frente a mi casa.	Ejemplo: Me sentí tranquilo/a) mientras miraba, sentía alegría por momentos.	Ejemplo: Encontré que el árbol no es regular en su forma y recordé que tengo algo pendiente que hacer y me distraje pensando en eso.
1.	1.	1.
2.	2.	2.
3.	3.	3.
4.	4.	4.
5.	5.	5.

Recuerda que las preguntas y las indicaciones son solo guías, y tómalas en la medida que te ayuden a indagar. La invitación consiste en poder detenernos y contemplar en nuestra propia experiencia sin mayores exigencias y darnos un tiempo para observar directamente, reconociendo la diferencia entre estar presente con la experiencia y estar en la mente narrativa. No buscamos suprimir ninguna parte, la invitación es a darnos cuenta, tanto de la experiencia como de nuestros pensamientos.

La siguiente parada en nuestro camino consiste en reconocer cuáles son los principales obstáculos que nos podemos encontrar en la práctica de cultivar un modo de vida presente y pleno. Por suerte, no somos los primeros ni los únicos que hayamos transitado este sendero. Antes que nosotros muchas mujeres y hombres de distintas tradiciones se han visto enfrentados a dificultades y desafíos semejantes a los nuestros.

Tal como la señalética que encontramos en medio de la carretera nos advierte de los peligros que existen en la vía y nos ayuda a saber qué acciones tomar, reconocer de antemano los obstáculos con los cuales nos encontraremos en el camino de la práctica será de gran ayuda para estar prevenidos y así poder maniobrar de un modo más hábil.

Capítulo

2

Reconociendo los obstáculos

lgunos de los obstáculos para conectar con la experiencia presente están en las tendencias de nuestra propia mente. En la tradición budista se les denomina los tres venenos, los cuales a menudo podemos ingerir sin darnos cuenta. Se representan gráficamente como tres animales que se entrelazan entre sí. Estos tres animales –un gallo, una serpiente y un cerdo– que simbolizan los tres venenos aparecen en el centro de una pintura que se encuentra en la entrada de los templos budistas tibetanos. Esta pintura llena de simbolismos y enseñanzas se llama «la rueda de la vida» (en sánscrito *Bhavachakra*), y representa el sufrimiento cíclico de los seres.[*]

Los tres obstáculos son el apegarnos con avidez a lo que consideramos agradable, el rechazo o la evitación de aquello que consideramos desagradable y la ignorancia o la desconexión de lo que nos parece indiferente. Revisaremos a continuación con más detalles cada uno de ellos.

---

[*] Puedes ver la imagen buscando en Internet «Bhavachakra» o «Wheel of Life». También hay una explicación sobre la rueda de la vida en los *webinars* de Gonzalo «Tonglen - Una herramienta milenaria para lidiar con el sufrimiento» y «Apego, aversión e ignorancia» disponibles en el canal de YouTube de Cultivar la Mente.

En el caso del apego o avidez tendemos a exagerar lo atractivo de algo que nos termina encandilando; en el caso de la aversión, exageramos lo desagradable de lo displacentero y buscamos a toda costa evitarlo. Ambos producen agitación física y mental, y solemos crear historias mentales al respecto y luego reaccionamos emocionalmente a estas creaciones con ansiedad, frustración, desesperanza, rabia, tristeza, depresión... En el caso de la ignorancia, nuestra respuesta es más radical, nos desconectamos y no somos conscientes de lo que está ocurriendo.

Dilgo Khyentse Rinpoche (Khyentse, 1994) señaló que a lo que habitualmente llamamos «mente» es una mente confusa e ilusoria, un vórtice turbulento de pensamientos que está agitado por el apego, la aversión y la ignorancia. Esta mente siempre está siendo arrastrada de una ilusión a otra. Es una situación compleja, porque si vivimos en una ilusión, ¿cómo podemos liberarnos de ella y del sufrimiento que esta trae?

EL OBSTÁCULO DE LA AVIDEZ

En la tradición budista se plantea que el sufrimiento tiene su origen en el apego, pero nos es el apego sano que tiene que ver con establecer un vínculo con un ser significativo o con el cuidado en nuestros primeros años de vida,[*] sino más bien con la compulsión o incluso la obsesión por querer que las cosas sean de una determinada manera, desde lo cual surge el afán de controlar y manipular la experiencia. Una palabra que puede clarificar de un modo más preciso esta inclinación de la mente es la palabra «avidez».

---

[*] El tema de las diferencias y la relación existente entre el apego del cual habla la psicología budista y el apego propuesto por la psicología contemporánea en la teoría del apego (desarrollada originalmente por Bowlby y Ainsworth) será abordado con más profundidad en el capítulo cinco de este libro.

Un detalle interesante es que, en sánscrito, uno de los idiomas en los cuales las enseñanzas budistas se preservaron y transmitieron, se utilizan diferentes palabras para nombrar el deseo y la avidez. Para hablar de deseo se utiliza el término *kama,* mientras que para referirse a la avidez se utiliza el término *trsna,* que alude más bien a sentir unas ansias irrefrenables que nos atrapan. Aunque ambos se asemejan, aluden a dos experiencias diferentes.

Kama es la misma palabra que aparece en el conocido libro *Kamasutra,* antiguo texto indio que trata sobre la sexualidad. El deseo (*kama)* es considerado una parte natural e ineludible de la experiencia humana, que en ningún caso tenemos que tratar de anular, sino más bien reconocer, aceptar e integrar como una energía valiosa que nos motiva.

Podemos tener buenos y nobles deseos, por ejemplo, podemos desear el bienestar de los seres queridos o desear reducir el sufrimiento de alguien, o podemos desear que nos vaya bien en algo importante. El desear en sí mismo no tiene nada de malo, es más, el desear nos puede motivar y ayudar a saborear los placeres que nos permiten conectar con la vida, siendo un aspecto fundamental del bienestar y la buena salud.

Cuando surge la avidez, el deseo se vuelve de tal intensidad que perdemos perspectiva y tiene el potencial de hacernos sufrir a nosotros y a los demás. Esta avidez está acompañada de un alto grado de ansiedad, emergiendo un anhelo impetuoso y absorbente. La avidez se asemeja a un impulso intenso que nos inunda, algo semejante a lo que puede experimentar un adicto cuando anhela volver a sentir el efecto placentero, aunque transitorio, de la droga, y producto de este anhelo se siente invadido por la ansiedad si no puede satisfacerlo. Todos hemos sentido esta avidez en algún momento (o en muchos) de nuestras vidas hacia diversos objetos. El objeto de nuestra avidez puede ser muy diferente para cada uno. Podemos generar avidez por una persona, una sustancia, una conducta, la comida, el trabajo, y un amplio etcétera. Incluso la meditación podría generarnos un cierto grado de avidez. Cualquier objeto tiene el potencial de transformarse en un objeto de apego ávido, y con ello tiene también el potencial de atraparnos y de hacernos sufrir a nosotros y a quienes nos rodean.

Es interesante reconocer que la avidez no tiene tanto que ver con el objeto que nos gatilla la avidez, sino más bien con el tipo de relación que establecemos. Con el mismo objeto, podemos adoptar un tipo de relación ansiosa y motivada por el control o una relación de confianza y apertura. Un ejemplo muy gráfico que diferencia ambos tipos lo presenta Yongey Mingyur Rinpoche (2017) cuando explica que la avidez es semejante a tomar una piedra con la palma de la mano y mantenerla atrapada fuertemente con el puño cerrado. El aferramiento está en hacer un esfuerzo activo por mantener la piedra aprisionada y bajo control. Sin embargo, podemos mantener la misma piedra en nuestra mano, pero dejándola reposar sobre nuestra palma abierta. De esta forma la piedra sigue estando disponible y no ejercemos un control ansioso sobre ella. Lo que diferencia un estado del otro no es la piedra, sino más bien la relación que establecemos con ella.

Todos los seres humanos estamos expuestos a esta avidez (podemos atrapar algo y mantenerlo bajo control con nuestra «mano cerrada en un puño») y esta avidez trae sufrimiento, ya que este gesto trae aparejada una pérdida significativa de libertad. La buena noticia es que así como aprendimos a apretar el puño, también tenemos la posibilidad de aprender a soltarlo. El antídoto natural contra esta avidez es cultivar la aceptación, el ir desarrollando una actitud de abrirnos a la experiencia menos desde el control y más desde la receptividad.

Esta actitud de apertura abre un campo nuevo de relación con los demás, con el mundo y con nosotros mismos, reconociendo que no somos nosotros quienes controlamos lo que nos rodea, y que podemos abrirnos a la incertidumbre y permanecer ahí con la mayor humildad posible, haciendo nuestra parte, pero no intentando controlarlo todo. Se nos hace presente aquí la conocida oración de la serenidad, que es un buen ejemplo de la actitud de equilibrio que necesitamos tener ante lo que podemos cambiar y ante lo que no. La oración dice:

Dios, concédeme la serenidad para aceptar las cosas que no puedo cambiar,
el valor para cambiar las cosas que sí puedo cambiar,
y la sabiduría para reconocer la diferencia entre ambas.

EL OBSTÁCULO DE LA AVERSIÓN

En la vereda opuesta a la avidez está la aversión, que nos hace rechazar, negar o evitar aquello que nos parece desagradable. Ninguna persona y en realidad ningún ser sintiente quiere sufrir, lo cual es natural, sin embargo, la aversión no es lo mismo que la natural tendencia a eludir el sufrimiento. La aversión es una sobre reactividad de este impulso natural, en la cual se exacerban las cualidades negativas de lo que se percibe como desagradable, lo que termina generando una respuesta evitativa.

Una cultura centrada en la obtención de placeres inmediatos es una cultura con baja tolerancia a la frustración, por tanto, es común la tendencia a evitar activamente todo lo que nos parece incluso mínimamente desagradable. La aversión y la evitación se vuelven habituales y nos vamos desconectando de la experiencia directa por temor a entrar en contacto con algo que pueda parecernos incómodo o doloroso. En concreto, cuando percibimos la más mínima molestia buscamos aplacarla o eliminarla. Por ejemplo, ante la aparición de un dolor de cabeza viene de inmediato el analgésico, ante una mínima incomodidad física cambiamos de postura, o ante la mínima sensación de aburrimiento buscamos entretenernos. Y es que, ¿hay algo más difícil de soportar que el aburrimiento? De esta forma, pareciera que no hay espacio para la incomodidad.

Es natural querer huir del sufrimiento y si hay malestares que podemos evitar es valioso hacerlo, el punto a observar aquí es la reacción automática de evitación. Estar vivos implica en un sentido muy concreto vernos enfrentados a momentos que son insatisfactorios y dolorosos que forman parte de la vida, muchos de los cuales no podremos evitar y que además tienen el potencial de enseñarnos algo importante sobre la vida. ¿Cómo podemos aprender algo si vivimos evitando? ¿Cómo podemos abrirnos a experiencias nuevas si no estamos dispuestos a entrar en contacto con lo que nos parece desconocido o desagradable?

Existen un sinnúmero de habilidades que para ejercerlas con propiedad requieren primero que desarrollemos una cuota de tolerancia a la frustración. Por ejemplo, nadie nace caminando ni nadie nace tocando virtuosamente la guitarra. Dedicamos muchas horas al entrenamiento, algunas de las cuales traen momentos dolorosos y de frustración. Llegar a disfrutar de la práctica de una habilidad requiere un proceso de aprendizaje que incluye momentos desagradables en los que nos equivocamos y caemos, pero nos volvemos a poner de pie y seguimos intentándolo. ¿Te imaginas a un niño que está aprendiendo a caminar y que diga «caminar es muy difícil, trae muchas caídas y golpes, prefiero dejar de intentarlo»? Por suerte los niños no renuncian al desafío pese a que sea desagradable caerse.

El hábito de la aversión ante lo que nos molesta puede terminar paradójicamente provocando un problema mayor, generamos tensión, incomodidad y rigidez que vuelven aún más incómodo lo que es incómodo. Paradójicamente, al tratar de anular todos los riesgos corremos el mayor de todos ellos, perder la vida misma. No hay que ir muy lejos para reconocer que la emoción detrás de la aversión y la evitación muchas veces es el miedo, la excesiva precaución para no entrar en contacto ante lo que intuimos que puede ser riesgoso. El miedo sin dudas puede ser un poderoso motivador, llevándonos a actuar o no actuar. Una colega supervisora clínica lo expresaba muy bien en una frase: «Nos movemos o por gusto o por susto». El susto tensiona nuestro cuerpo, nos pone en estado de vigilancia, y en ocasiones nos paraliza.

El miedo es indispensable para sobrevivir, es una disposición afectiva que nos ayuda a reaccionar ante una amenaza y gracias a él actuamos preventivamente para gestionarla. Como personas y como especie hemos sobrevivido gracias a que la emoción del miedo nos ha llevado a luchar y huir en situaciones de peligro. El miedo nos previene, nos dice hacia dónde ir y hacia dónde no hacerlo, nos permite adelantarnos y prevenir un sufrimiento inminente. No sentir miedo sería un verdadero problema ya que podríamos actuar sin conciencia del daño. Sin embargo, necesitamos darle al miedo el lugar que le corresponde, sin tenerlo como el principal motor emocional de nuestras vidas.

El tema de la aversión es sutil, se trata de reconocer el patrón que nos moviliza a no entrar en contacto y preferir huir. La aversión es como tener la brújula del miedo mal calibrada, con un sesgo que apunta en una sola dirección: la seguridad y comodidad a toda costa. Aunque en situaciones específicas es importante hacerle caso, si estamos continuamente guiados por el miedo terminamos limitando y entorpeciendo nuestras vidas.

Podemos preguntarnos si nuestras conductas en la vida cotidiana están movilizadas primordialmente por el gusto o por el susto. Y si reconocemos la presencia de un miedo como motivador, podríamos entonces preguntarnos: ¿Cuál es la ganancia y cuál es el precio que estamos pagando por dejarnos guiar por el miedo?, ¿qué nos estamos perdiendo?

Aun cuando no me considero una persona miedosa (Claudio) sí reconozco que en ocasiones la excesiva precaución ante lo desconocido me limitó. Cuando era joven tuve temor de expresar mis sentimientos a las chicas que me gustaban, en ocasiones sentí temor de ser rechazado y ante esto preferí no expresar lo que sentía. Hubo varios momentos en los cuales me adelanté a los hechos y decidí no decir algo por temor anticipatorio al rechazo. Ha sido un proceso extenso de vida reconocer los miedos que emergen y no dejarme arrastrar por ellos, observarlos como un consejero, al cual no siempre tengo que hacerle caso, y abrirme a escuchar también a otros consejeros que pueden tener una mirada más amplia.

Uno de los grandes aprendizajes de la niñez y la adolescencia implica abrirnos al fracaso, tolerar la incertidumbre y la frustración y comenzar a arriesgarnos. Por supuesto, tener la experiencia de perder y de ser rechazados es doloroso, pero podemos darnos cuenta de que el mundo no se termina con un rechazo; podemos sobrevivir y vida continúa. Ser conscientes de la aversión y no dejarnos arrastrar por ella nos permite vivir una vida valiosa.

EL OBSTÁCULO DE LA IGNORANCIA

El tercer obstáculo es la ignorancia. La ignorancia aquí no se refiere a no tener un determinado conocimiento, sino más bien tiene relación con una falta de consciencia y comprensión del mundo, de los demás y de nosotros mismos. En la ignorancia no nos damos cuenta de nuestra naturaleza ni de nuestra relación con el mundo. En este sentido, la ignorancia se asemeja más a permanecer en un estado de desconexión y confusión.

RECONOCIENDO LOS OBSTÁCULOS

A continuación, te queremos invitar a explorar algunas alternativas sobre nuestra relación con lo que sabemos y con lo que no sabemos, y desde ahí poder elegir una disposición de apertura ante lo que creemos saber y ante todo lo que no sabemos.

En primer lugar, reconocemos que hay cosas que sabemos, por ejemplo, sabemos que tomar un analgésico va a ayudarnos a reducir el dolor de cabeza. Lo sabemos y además sabemos que lo sabemos. Sobre la conciencia de lo que sabemos es valioso reconocer que nuestros conocimientos siempre son provisorios, y que están sujetos a los cambios en la experiencia. Por ejemplo, puede ocurrir que en alguna ocasión el analgésico no tenga el efecto esperado y podemos abrirnos a esta nueva información, consciente de lo que sabemos pero estando dispuestos a incorporar nuevos elementos.

Por otro lado, está aquello que sabemos que no sabemos, por ejemplo, podemos saber que no sabemos si hay vida en otros planetas. Tener consciencia de lo que no sabemos nos permite ser conscientes de nuestros límites y nos permite adoptar una actitud de apertura y curiosidad ante el vasto campo de lo que desconocemos y que sabemos que no sabemos. En nuestra vida cotidiana hay muchas cosas que sabemos que no sabemos, por ejemplo, en el plano interpersonal, muchas veces no sabemos cómo se sienten los demás con nuestras palabras y acciones, podemos suponer y tener creencias al respecto, pero sabemos que no lo sabemos. Este no saber consciente puede llevarnos a preguntar y escuchar atentamente al otro.

Cuando creemos saber algo que en realidad no sabemos estamos en problemas, pues, debido a nuestros prejuicios, nuestra visión puede quedar sesgada temporalmente. En palabras de José María Ridao, «un error común, del cual no nos percatamos, es que pretendemos explicar lo que no sabemos a través de lo que sabemos».

Finalmente está una tercera y más compleja posibilidad, tiene que ver con el amplio espectro de todo lo que no sabemos que no sabemos, aquello que está fuera de nuestra consciencia, pero que sin embargo está ahí y que desconocemos. Un ejemplo sencillo puede ser toda la valiosa música folclórica de Senegal. No la conocemos y tampoco somos conscientes de ella (hasta ahora que la nombramos).

Aquello que no sabemos que no sabemos es una enorme fuente de novedad. El reconocer que hay dimensiones de nuestra experiencia que simplemente están fuera de nuestro campo de consciencia nos puede ayudar a trascender nuestro ego, a abrirnos a admirar lo que va más allá de nosotros mismos, valorando lo inconmensurable que significa vivir esta valiosa vida humana.

Podemos acercarnos entonces con curiosidad y humildad ante todo aquello que no sabemos. Podemos tomar conciencia de lo que sabemos, pero, sobre todo, podemos cultivar la humildad de darnos cuenta de todo aquello que no sabemos, y esto nos permite desarrollar una actitud de apertura y curiosidad. A esta disposición de apertura en el zen se la denomina «mente de principiante», que no es sinónimo de adoptar una posición de ingenuidad impostada, sino más bien tiene que ver con el reconocimiento de lo insondable que es estar vivo y estar viviendo esta vida que tenemos, con todos sus matices y posibilidades, y sobre todo, adoptar una actitud de apertura, de asombro ante lo conocido y ante lo desconocido.

No se trata entonces de conocer o no conocer algo, se trata más bien de elegir una actitud y disposición práctica. La ignorancia es creer saber cuando no sabemos, es llenarnos de conocimientos y creerlos ciertos; la sabiduría, en cambio, es reconocer tanto lo que sabemos como lo que no sabemos y abrirnos a entrar en contacto desde la curiosidad. Esto despliega un nuevo modo de relación con toda nuestra experiencia, tal como afirma el conocido aforismo de

Suzuki: «En la mente del principiante hay muchas posibilidades, pero en la mente del experto hay pocas». (Suzuki, 2012, 1).

La ignorancia, entonces, tiene que ver con no ser conscientes y sobre todo con la falta de una visión profunda, con desconocer el complejo entramado del cual formamos parte como seres sintientes y como seres humanos. El no tener una perspectiva amplia nos impide actuar adecuadamente, y el no comprender genera sufrimiento. Una visión profunda nos permite actuar sabiamente.[*]

Cuando tenemos una perspectiva parcial, y creemos que esa perspectiva es cierta y completa, podemos decir que estamos confundidos, por ejemplo, si una madre o un padre tratan a su hijo de diez años como si tuviera cinco tenemos una visión parcial la cual acarrea diversas implicancias prácticas y mucho sufrimiento.

La confusión también puede estar relacionada con cómo nos entendemos a nosotros mismos, como sucede cuando sostenemos creencias o ideas fijas de quiénes somos, viéndonos como individuos estáticos y autolimitados. Si nos tratamos de una forma excesivamente dura, o como si estuviéramos determinados, por ejemplo, diciéndonos: «Yo jamás podré hacerlo», o más radicalmente: «soy un inútil». Estas creencias sesgadas tendrán un efecto directo y emocional en nosotros y en quienes nos rodean.

Desde la tradición budista se señala que nuestra ignorancia se da cuando nos vemos a nosotros mismos de un modo parcial, cuando nos concebimos como estáticos, como si fuéramos objetos con determinadas cualidades y como seres independientes de nuestro entorno, dejando de reconocer la interdependencia sobre la cual está constituida nuestra vida. Aunque el desarrollo de un yo diferenciado es parte del desarrollo saludable de una persona, si nos concebimos como radicalmente separados e independientes

---

[*] Revisaremos con más detalles el tema de la visión profunda en el tercer capítulo del libro, cuando hablemos del noble óctuple sendero.

del contexto, caemos en la ilusión de *separatidad*, según la cual estamos aislados del mundo. Desde la visión budista, esta concepción se entiende como una expresión de la ignorancia, ya que no estaríamos comprendiendo la realidad de que inter-somos con todo lo que existe (Nhat Hanh, 2009). Esta ilusión/ignorancia tiene consecuencias relacionales y sociales, generando culturas hipercompetitivas y exitistas donde cada uno anhela ser «dueño de su destino» y se moviliza por el imperativo de «alcanzar la cumbre», percibiendo a los demás como enemigos en competencia.

Hay un estudio muy interesante que ilustra este punto, el cual se titula: «Egos Inflados a lo largo del tiempo: Un metaanálisis a través del tiempo del inventario de personalidad narcisista»,* ahí Twenge y su equipo (2008) registraron durante veintiséis años (desde 1980 hasta 2006) cómo variaban las puntuaciones de narcisismo en la población norteamericana. Twenge mostró con claridad la tendencia de la sociedad estadounidense a tener cada vez más rasgos de personalidad narcisista, mostrando también cómo con el paso de los años, y en gran medida influidos por una cultura en la que el individualismo iba en aumento, estos rasgos se fueron haciendo paulatinamente más comunes y predominantes.

Volviendo a los obstáculos, y en particular a los efectos de la confusión y la ignorancia, muchas veces no notamos los efectos adversos que tienen en otros nuestras acciones poco conscientes, lo que en la tradición budista se denomina «ley del karma». Esta perspectiva no tiene absolutamente nada de esotérico y mágico, se refiere simplemente al reconocimiento de que debido a la naturaleza interdependiente de la existencia, tanto lo que hacemos como lo que no hacemos tiene efectos. Nuestras acciones u omisiones van generando efectos visibles y, muchas otras veces, efectos menos

---

* El título original del artículo es: «Egos Inflating Over Time: A Cross-Temporal Meta-Analysis of the Narcissistic Personality Inventory», de Twenge (2008).

visibles. No hay que ir muy lejos para reconocer los efectos concretos de la omisión, por ejemplo, si alguna vez olvidaste ir a una reunión o si no vamos a buscar a nuestro hijo a tiempo al colegio, esto trae consecuencias y no es inocuo.

No reconocer esta mutualidad entre lo que hacemos o no hacemos y los efectos que genera también se considera ignorancia y es una fuente de sufrimiento. Aunque no siempre lo percibamos, nuestras conductas particulares tienen efectos a nivel sistémico. Una muestra sencilla y contingente puede ser nuestra conducta de consumir carne, lo cual va dejando una importante huella ecológica en nuestro planeta, tienen un impacto sobre el uso de la tierra, la contaminación del agua y del aire en el proceso de producción, también sobre nuestra salud, y de manera muy concreta y directa, afecta la vida de millones de animales que sufren y mueren en granjas industriales. Pocas veces contemplamos, por ejemplo, datos como este: si muriesen humanos al ritmo en que matamos animales, se acabaría nuestra especie en diecisiete días. No tener una perspectiva sistémica e interdependiente de los efectos de nuestras acciones es un tipo de ignorancia colectiva.

No se trata de adoptar una perspectiva moralista ni enjuiciadora, cada uno de nosotros tiene puntos ciegos y también percibimos con mayor claridad algunos temas más que otros. El punto consiste en hacernos responsables de nosotros mismos y de la vida que tenemos —con los riesgos que conlleva el hecho de cultivar un modo de vida que ignore las consecuencias de nuestras acciones— y elegir vivir de un modo más consciente, de tal manera que contribuya a reducir el sufrimiento en los demás y también en nuestras propias vidas.

Vivimos en un mundo complejo e interdependiente, y hoy más que antes la trama de la interdependencia de la cual formamos parte se vuelve más evidente. Cuando ignoramos u obviamos intencionalmente la interdependencia de la cual formamos parte y adoptamos un modo de vida autocentrado, contribuimos a incrementar el sufrimiento.

Los tres obstáculos o «venenos» que hemos explorado aquí, de acuerdo a la psicología budista, ni son inevitables ni son parte de nuestra naturaleza. Son fuentes de sufrimiento muy reales, no solo a nivel individual, sino que además cuando se institucionalizan van generando y sosteniendo un sufrimiento a nivel colectivo. Sin embargo, no estamos condenados a ingerir estos venenos, de hecho la visión de la psicología budista expresa una gran confianza en nuestra capacidad individual y colectiva de cambiar nuestros hábitos desde la ignorancia a la sabiduría.

Como ya te puedes imaginar, hay un antídoto natural a estos tres venenos, y por supuesto no es difícil de reconocer, aunque sí de poner en práctica, el antídoto es llevar una vida más consciente y atenta.

MAYOR CONCIENCIA COMO ANTÍDOTO ANTE LA AVIDEZ, LA AVERSIÓN Y LA IGNORANCIA

Todos podemos «beber» de cualquiera de los anteriores «venenos», apegarnos a lo que nos gusta, rechazar lo desagradable y desconectarnos y no ser conscientes de nosotros mismos, de los demás y de nuestro entorno. La mente humana puede funcionar así habitualmente, no es nuestra culpa y, sin embargo, somos responsables de nuestra mente. No somos conscientes de todas las condicionantes genéticas y culturales que nos influyen y, aun así, tenemos que aprender a convivir con nuestra mente y con nosotros mismos.

La buena noticia es que no estamos condenados a vivir arrastrados por estas tres tendencias, aunque siempre estén disponibles.

Podríamos pensar que existe una cuarta alternativa, que también siempre está ahí disponible, pero que necesitamos cultivar, la alternativa es recordar volver a conectar con el momento presente, el darnos cuenta de nuestros patrones habituales y no dejarnos arrastrar por los condicionamientos personales, familiares y culturales.

Quizás suene muy simple, sin embargo, esta es una de las grandes enseñanzas del Buda: tenemos condicionamientos, pero también tenemos la capacidad de ser conscientes de ellos y elegir no dejarnos arrastrar. Ahí radica la importancia de cultivar cotidiana y corporeizadamente una mayor consciencia.

Cultivar esta mayor consciencia nos permite comprender, pero ¿comprender qué?

De nuevo, no se trata de saber cosas, sino más bien reconocer el espacio para observar nuestras propias tendencias, y desde este reconocimiento, aprender a convivir de un modo más saludable con nosotros mismos, con mayor calma y amabilidad, reconociendo que las tendencias de nuestra mente están ahí, sin embargo, sabemos que estas tendencias también son impermanentes y hay momentos en los cuales no estamos atrapados por ellas.

No practicamos para ser santos, sino para sufrir menos y hacer sufrir menos a los demás. Este es el fin pragmático y altruista de nuestra práctica. Con la práctica no buscamos necesariamente iluminarnos ni alcanzar un estado trascendente, sino más bien vivir de un modo más sensible en lo concreto, buscamos cultivar un modo de vida que contribuya a aliviar el sufrimiento humano, es decir nuestro propio sufrimiento. Con la práctica vamos generando las condiciones necesarias para entrar en contacto con un espacio de mayor serenidad y amabilidad, reconociendo las tendencias de nuestra mente y, a la vez, reconociendo que no somos estas tendencias. «Soy grande, contengo multitudes», escribía Walt Whitman en sus *Hojas de hierba*, aludiendo a la riqueza y diversidad de voces y perspectivas que habitaban en nuestra experiencia (Whitman, 1999, 198).

El cultivo de la conciencia plena nos permite abrir un espacio de mayor aceptación y amabilidad, un espacio amplio y contenedor, como un cielo azul que es el trasfondo de todo lo que nos ocurre. Nos despertamos y vemos que hay días nublados, otros días amanece y cae una intensa lluvia, pero también hay días que amanecen despejados, donde podemos reconocer el cielo mismo. Practicar es asumir que no tenemos el control sobre esta mente, pero que, aun así, podemos hacernos cargo de su cuidado, podemos protegerla, nutrirla y cultivarla, aprendiendo y creciendo junto a nosotros mismos y junto a los demás.

Existe una sutil, pero importante, diferencia entre practicar para controlar la mente y practicar para cultivar la mente. La metáfora del control es mecánica, utilitarista, pero la mente se resiste al control. La práctica consiste más bien en generar las condiciones para que la mente florezca en su potencial despierto. En este sentido la metáfora del jardín es apropiada: sembramos semillas que queremos ver crecer en la huerta de la mente, regamos con la práctica diaria, damos tiempo y practicamos la paciencia, convertimos los desechos del proceso en compost que nutra el suelo de nuestra mente. Vamos cultivando la mente como jardineros orgánicos van generando las condiciones idóneas para que se genere un bello jardín y una nutritiva cosecha. En realidad, no creamos nada, ni tampoco controlamos todos los factores, sino que más bien estamos atentos a realizar los gestos sutiles necesarios para que se fortalezcan determinadas plantas que pueden generar bienestar y para que otras plantas que generan sufrimiento vayan perdiendo fuerza, haciendo un «riego selectivo».

Cultivar la presencia plena es una práctica que nos ayuda a deconstruir nuestros condicionamientos. Estamos condicionados para la supervivencia (biológicamente, genéticamente, familiarmente, culturalmente), pero no estamos condicionados para ser libres. No podemos forzar esta mente, pero podemos entrenarla para salir poco a poco del condicionamiento habitual. Al ver las cosas con mayor claridad, la práctica puede ser desestabilizante en un comienzo, generando un sentimiento de fragilidad. El Buda señaló que cuando se practica el *dharma* se va contra la corriente, lo que implica ir contra los propios condicionamientos de una cultura dominada por los tres venenos. Mindfulness nos permite volver a experimentar el momento presente, en palabras de Thich Nhat Hanh (Nhat Hanh, 2012), la práctica de mindfulness no es una evasión, sino más bien un sereno encuentro con la realidad.

Con una mayor conciencia tenemos la posibilidad de contemplar y desarrollar una mayor claridad y perspectiva, ser conscientes para desarrollar una visión más amplia y compasiva que nos permita habitar nuestras vidas con mayor libertad. El primer paso de esta mayor consciencia es indagar en nuestra propia experiencia, con cariño y cuidado, cuestión que te propondremos realizar con la siguiente práctica.

PRÁCTICA 3: Observando las tendencias de nuestra mente

El propósito de la siguiente práctica es indagar cómo se han manifestado en algún momento las tendencias de la avidez o el rechazo en la propia experiencia, y junto con ello, abrir un espacio de aceptación y autoconocimiento. Buscaremos reconocer algunas de las principales tendencias que pueden movilizarnos y abrazarlas desde un espacio de mayor aceptación y autocompasión.

¡Precaución! Antes de hacer la siguiente práctica es importante advertir que vamos a trabajar haciendo presente un momento personal de malestar y sufrimiento. Es fundamental que no elijas un momento especialmente intenso ni doloroso. Por favor, elige más bien alguna situación que sientas que puedes manejar, y de la cual a su vez te puedas beneficiar al trabajarla, te invitaremos a ir avanzando lenta y cuidadosamente.

Para realizar este ejercicio basta traer una situación en la cual hayas tenido la sensación física y emocional de avidez o de evitación/rechazo, sintiéndola en el cuerpo, teniendo presente la sensación y la emoción que te generó.

- Llegada y anclaje: busca un lugar tranquilo, en el cual puedas realizar la práctica, sin que te interrumpan por unos minutos... Busca una postura cómoda y date unos momentos para ir entrando en contacto con tu respiración y con tu cuerpo... Es importante que puedas sentirte habitando un espacio seguro, permitiéndote simplemente estar, sin hacer nada en particular, permaneciendo en tranquilidad. Elige adoptar una postura que te brinde estabilidad y soporte. Puedes mantener tu espalda erguida, los hombros relajados y puedes sentir tus pies bien apoyados en el suelo. Recuerda que en cualquier momento puedes volver a sentir tus pies y tu columna sostenida en sí misma.
- Reconocimiento: permítete traer a tu mente un momento en tu historia en que hayas sentido avidez o apego. Te invitamos a que puedas notar directamente las sensaciones, emociones y pensamientos que vayan apareciendo, manteniendo el contacto con el fluir de la experiencia.
- Aceptación: tras estar en contacto con la experiencia, te invitamos a que poco a poco puedas ir abriendo un espacio de aceptación y amabilidad hacia tu experiencia, reconociendo que hay una parte tuya que se está manifestando, y también habita en ti la capacidad de

darte cuenta, pero sin quedar atrapada o atrapado por ella. Puedes reconocer ambas facetas en ti.

- Intención: puedes explícitamente cultivar una intención amable y bondadosa, puedes también realizar algún gesto o microgesto acogedor de autocompasión, por ejemplo, llevar una mano al pecho o al abdomen, que comunique el reconocimiento de tu experiencia de avidez o evitación y también tu capacidad de acogerte a ti misma o a ti mismo. Permítete darte la aceptación y el cuidado que necesites.
- Poco a poco, a tu propio ritmo, podrías ir volviendo a tomar contacto con tu entorno, puedes ir prestando atención a los sonidos y puedes ir observando el lugar en el cual te encuentras.
- Te invitamos a tomarte unos minutos para escribir y registrar tu experiencia. Puedes guiarte por las siguientes preguntas:

Preguntas	Respuestas
1. ¿Cuál fue la experiencia de avidez, aversión o ignorancia que evocaste?	
2. ¿Cómo describirías las emociones y sensaciones que aparecieron?	
3. ¿Cuáles fueron algunos de los pensamientos que aparecieron?	
4. ¿Cómo describirías tu experiencia de aceptación y amabilidad hacia ti?	
5. ¿Qué gesto o acción de autocuidado o autocompasión realizaste?	

Preguntas	Respuestas
6. ¿Qué emociones y sensaciones físicas aparecieron cuando te sentiste en un espacio de mayor aceptación y amabilidad?	
7. Finalmente, ¿hay algo de lo que te hayas dado cuenta o algo que quisieras destacar, que no hayas anotado antes?	

Identificar cómo se manifiestan en nosotros las tendencias de la mente puede ser un valioso recurso para no sentirnos atrapados por ellas, además, desde este reconocimiento podemos realizar la práctica de aceptar la presencia de nuestras tendencias habituales, al mismo tiempo que reconocemos que no somos estas tendencias y que también tenemos la capacidad de darnos cuenta y de cuidar de nosotros mismos.

Tras identificar y trabajar con los obstáculos de la práctica (los tres venenos), y una vez que hemos reconocido cuál es su principal antídoto (el cultivo de la consciencia), te invitamos a dar un próximo paso. En el siguiente capítulo vamos a profundizar en algunos principios y enseñanzas de la psicología budista, que es el marco que nos permitirá luego comprender de un modo integral y contextualizado la enseñanza de los cuatro inconmensurables.

Capítulo 3 | Psicología budista

En este capítulo nos gustaría compartir un marco general desde el cual podamos comprender de un modo integral y contextualizado las enseñanzas de los cuatro inconmensurables estados de la mente. Este marco proviene de la filosofía y la psicología budista, cuya tradición tiene más de dos mil quinientos años y sigue manteniéndose vigente hasta nuestros días.

Específicamente, hemos elegido detenernos en dos aspectos centrales de la perspectiva budista. En primer lugar, las tres marcas de la existencia, que son la impermanencia, la ayoidad y la existencia del sufrimiento junto con la posibilidad del fin del sufrimiento (nirvana). Este marco refleja una visión del mundo dinámica e interdependiente, ofreciendo una comprensión distinta a la dominante en Occidente, en la cual prevalece una perspectiva más bien estática, sustancial y dualista.

Un segundo aspecto que explorar son las enseñanzas de las cuatro nobles verdades, las cuales reflejan el camino práctico que propuso el Buda para reconocer todo aquello que nos hace sufrir y ofrecen un camino para trascenderlo. Estas cuatro nobles verdades son de gran importancia en la visión budista del camino espiritual y están presentes en prácticamente todas las tradiciones budistas.

Creemos que comprender este marco general de las tres marcas de la existencia y las cuatro nobles verdades puede contribuir significativamente a tener una visión integral que contextualiza el cultivo de los cuatro inconmensurables en una perspectiva relacional, ecológica y social.

LAS TRES MARCAS DE LA EXISTENCIA

Desde la tradición budista se describen tres marcas o señales que están presentes en todos los fenómenos. Acercarnos a indagar en estas características tiene el potencial de ampliar y/o transformar nuestra perspectiva del mundo en el cual habitamos.

La impermanencia

Desde pequeños podemos reconocer la primera marca de la existencia: estamos jugando con nuestros amigos y nos llaman a tomar la merienda, comemos un dulce y de pronto se acaba, estamos sanos y de pronto nos enfermamos, y así, suma y sigue. La primera marca de la existencia es la impermanencia (*anicca* en pali), que indica que en esta vida todo se encuentra en constante transformación: el mundo que nos rodea, incluyéndonos a nosotros mismos, está sujeto al cambio continuo. Todo cuanto existe está viviendo una continua transformación y cada fenómeno, por sólido y constante que aparezca, existe de modo provisional y no definitivo y, por ende, en algún momento dejará de existir como tal.

A muchos puede parecernos angustiante esta conciencia de impermanencia, pero si la miramos con detenimiento, lo que nos genera ansiedad no es la impermanencia en sí, sino más bien nuestro afán de que determinadas circunstancias no cambien. Abrazar el sello de la impermanencia nos abre a una dimensión de amor por esta vida que nos ha tocado vivir y que en algún momento dejará de ser. Es la impermanencia de algo lo que lo vuelve precioso.

La impermanencia es parte de la vida, sin embargo, la cultura occidental tiene una larga tradición que ha defendido la búsqueda de lo inmutable, de lo que no cambia. Desde los albores de la tradición griega prevaleció la concepción que identificó al ser con aquello que no cambia. La noción de la sustancia en Aristóteles y la del mundo de las ideas en Platón marcaron un rumbo que nos influye hasta el día de hoy. Lo verdadero, lo justo, el bien, la verdad y la belleza auténtica están relacionados con aquello que no cambia, en cambio lo impermanente se entendió como una realidad de segunda categoría, accidental, prescindible.

Mientras Occidente comenzó a desarrollar su trayectoria orientado por las preguntas «¿Qué es aquello que no cambia?», y «¿Dónde podemos encontrar lo verdadero e inmutable?», en la tradición budista se formuló más bien otra pregunta, «¿Cuáles son las principales marcas de la existencia?». Ante lo cual, la primera respuesta que emergió, desde la observación de la experiencia, fue que el cambio constante es lo único que permanece.

La impermanencia no implica que las cosas no existan, sino que es parte de su existencia el irse transformando. No importa si hablamos de un ser humano, un río, una piedra, un trabajo, o una relación de pareja, en todos los fenómenos está presente la marca del cambio. La impermanencia está más allá de nuestros gustos, de si nos agrada o no nos agrada que las cosas cambien. De hecho, nuestros anhelos y gustos también cambian constantemente.

En ocasiones, no nos gusta que las cosas cambien y tendemos a resistirnos activamente, como, por ejemplo, cuando estamos viviendo algo placentero y quisiéramos que durara para siempre. Por otro lado, también podemos reconocer nuestra satisfacción de que algo desagradable sea impermanente, por ejemplo, cuando tenemos un dolor de muela y anhelamos que ese dolor se pase, y esperamos que lo más rápido posible. Sabemos que esa situación cambiará y el dolor de muela cesará, y aquí la impermanencia pareciera que «juega a nuestro favor» y la percibimos como una buena noticia. Gracias a la impermanencia las situaciones dolorosas tienen el potencial de transformarse en algo mejor, sino las viviríamos como intolerables.

Sin embargo, la impermanencia va más allá de nuestros gustos e intereses particulares, y lo que sí podemos hacer es aprender a reconocerla y aceptarla como una condición natural y básica de nuestra existencia y, al aceptarla, aprender a relacionarnos con ella.

Si desarrollamos la conciencia de impermanencia como una marca de la existencia, esta puede llegar a impregnar nuestra forma de relacionarnos con cada experiencia en nuestra vida. Podemos asumir con más sabiduría que mientras vivamos estaremos en una continua transformación, tanto nosotros como nuestros contextos y las personas con quienes nos relacionamos. Lo que hoy poseo en algún momento dejará de ser, y lo que hoy no parece posible, quizá mañana lo sea.

Seguramente Nicolás Copérnico no imaginó que su visión heliocéntrica del movimiento de los planetas, según la cual la Tierra y el resto de los planetas del sistema solar giran alrededor del sol terminaría prevaleciendo. Eso parecía una idea completamente disruptiva e inaceptable en su época, por la que tuvo que enfrentar un juicio por herejía. Sin embargo, el cambio ocurrió, y hoy nos parecería descabellado lo que en tiempos de Copérnico era la norma.

La impermanencia nos abre a lo incierto, nos abre a reconocer que todo está cambiando todo el tiempo y no siempre sabemos hacia dónde se dirige, por ende, la incertidumbre es parte primordial de la existencia. Ser consciente de la impermanencia puede ayudarnos a reconocer cuando sufrimos porque nos resistimos a un cambio, y también puede ayudarnos a apreciar lo que tenemos, porque sabemos que en algún momento todo lo que tenemos dejará de existir.

En síntesis, una conciencia encarnada y cotidiana de la impermanencia tiene el potencial de transformar toda nuestra percepción completamente, y nos invita a apreciar la preciosa vida humana que tenemos, que nos ha sido dada y en algún momento acabará.

La ayoidad

El no-yo del budismo no significa que el yo desaparezca o que meramente se renuncie a él: la compasión budista significa ver una cosa convirtiéndose en ella, actuar siendo uno con lo que se lleva a cabo. De lo contrario, el deber –e incluso el amor– plantearía una oposición entre el yo y el otro.

–Nishida Kitaro (en Heisig, p. 37)

La segunda marca de la existencia es la ayoidad (*anatta* en pali), que apunta a la observación de que aquello a lo cual llamamos «yo» o «sí mismo» no es una realidad sólida, independiente y separada de lo demás, sino que es relacional e interdependiente. Somos quienes somos gracias a otros, dependemos de todo lo que existe para ser quienes somos.

Aun cuando la palabra ayoidad pueda sonarnos a la inexistencia de un yo, no es una posición nihilista. El «no-yo» no sugiere que no hay nada, sino que las cosas y los seres no existen de la forma en que creemos que existen. Anatta sugiere que aquello que llamamos «yo» sí existe, pero no como una entidad sólida, separada, permanente, sino como una manifestación fenoménica, contingente y relacional, es decir, depende de otros factores que permiten que sea. Thich Nhat Hanh lo denomina «interser» (Nhat Hanh, 1998), desde esta mirada, todo lo que es, en realidad inter-es con todo lo que existe. Nada puede existir por sí mismo. Dicho en palabras simples, somos quienes somos gracias a un sinnúmero de condiciones que lo permiten, sin las cuales no existiríamos.

La pregunta de quiénes somos es difícil de responder, y podemos asumir que nadie puede dilucidar exactamente aquello que somos, o que al menos no podemos dar una respuesta acabada y completa. ¿No resulta paradójico que siendo quizás lo más cercano que tenemos, nosotros mismos, no seamos capaces de dar una respuesta satisfactoria? Se han elaborado diversos modelos para tratar de explicar quiénes somos, sin embargo, como señalamos al comienzo del libro, la experiencia habitualmente es escurridiza, y aquello que llamamos «yo» resulta elusivo.

Podemos usar un par de metáforas para tratar de clarificar qué es aquello que llamamos yo, considerando la perspectiva budista.

Una primera metáfora para ilustrar quiénes somos consiste en vernos como un *yo remolínico*. Un remolino se forma y se mantiene cuando determinadas condiciones lo permiten, por ejemplo, cuando hay una determinada cantidad de viento, presión atmosférica y temperatura. El remolino no existe de un modo separado de lo que lo rodea, más bien emerge si se dan determinadas condiciones. Estas condiciones no solo son condición de posibilidad, sino que radicalmente constituyen al remolino, permitiendo que exista. En otras palabras, no es posible trazar un límite tajante entre el remolino y las condiciones que permiten que emerja, en estricto rigor no puedo marcar una línea y decir: aquí el remolino comienza y por aquí termina.

Este «yo remolínico» emerge de la interacción de diferentes partes que confluyen para que exista. No hay un remolino sustancial ni separado de las condiciones externas, es un remolino más bien interdependiente de los factores que lo sostienen y solo existe en la medida que estos factores están presentes; si uno de esos factores desaparece o cambia (por ejemplo, baja la presión del aire), el remolino también lo hará. Considerando lo anterior podemos apreciar el valor inestimable que implica estar vivo en este instante, porque es una transitoriedad que está siendo sostenida por múltiples condiciones, que en algún momento dejarán de existir. De hecho, los humanos que estamos vivos en este instante somos aproximadamente el siete por ciento de los humanos que han vivido.

Esta metáfora ilustra la interdependencia de nuestra identidad: realmente, sin contexto y sin las condiciones adecuadas, no existimos. Un ejemplo muy concreto para ver esta interdependencia es reconocer el rol que han jugado nuestros ancestros para que nosotros existamos. Para ser quienes somos, han tenido que ocurrir una gran cantidad de hechos altamente improbables, entre ellos, que nuestros dos padres se conocieran, y antes nuestros cuatro abuelos, ocho bisabuelos, dieciséis tatarabuelos, treinta y dos tátara-tatarabuelos... y suma y sigue. En solo doce generaciones han participado 4.094 ancestros. Si alguno de ellos no hubiese estado en el lugar y momento adecuado nosotros simplemente no existiríamos. Considera por un momento cuántas luchas tuvieron que librar, cuántas dificultades, cuántas migraciones, cuántas alegrías y cuántas tristezas, cuántas historias de amor y cuántas esperanzas vivieron para que nosotros estemos aquí hoy. Muy concretamente, somos quienes somos gracias a otros y a los miles de vicisitudes que enfrentaron en sus vidas.

Una segunda metáfora que aprendimos del maestro zen y ecologista David Loy (comunicación personal, 2002) consiste en ver nuestro yo como un balde (o cubo, como se dice en España) sin fondo. El balde es nuestro yo, y usualmente vemos nuestro yo como algo que tiene un fondo y que puede contener cosas. Por lo general queremos poner dentro de nuestro balde lo que nos agrada para retenerlo y dejar fuera de nuestro balde lo que no nos gusta. Sin embargo, no nos damos cuenta de que este balde no tiene fondo, sino que está abierto en su parte de abajo y a través del balde (a través de nuestro yo), fluye la vida. El balde tiene una forma particular e irrepetible y cada forma es maravillosa en su potencialidad de expresar de manera única la energía de la vida, sin embargo, no podemos retener nada porque somos un sistema que está completamente abierto.

Observa qué sensación surge al pensarte a ti mismo como un proceso abierto y no como algo sólido, cerrado y autoexistente. Para la mayoría de nosotros, la sensación de que somos un proceso abierto y no una entidad estática resuena más con nuestra experiencia vivida. Reconocer que el balde (el yo) está desfondado trae una visión clara de cuán absurdo es vivir la vida desde la lógica del acumular y retener. Finalmente, no podemos retener ni acumular nada, solo podemos aprender a vivir y a soltar. De alguna manera, vinimos a aprender a soltarlo todo.

Esta segunda metáfora del balde refleja el carácter de continuo cambio, del yo como proceso. Desde esta perspectiva, la máxima socrática del *conócete a ti mismo* nunca puede ser completamente respondida, porque no es posible encontrar un yo definitivo ni estático que puede llegar a conocerse, sino que más bien estamos en continuo movimiento y transformación. Conocernos a nosotros mismos entonces es sinónimo de estar conociéndonos momento a momento.

Si lo miramos con perspectiva, la impermanencia y la ayoidad son buenas noticias. El cambio y la transformación del sí mismo no solo son posibles, sino inevitables; somos distintos a quienes éramos ayer y, en un sentido muy concreto, somos alguien a quien siempre podemos volver a conocer con una mirada fresca, con una mente de principiante.

Teniendo en cuenta estas dos metáforas del yo, la del *yo remolínico* y la del *balde sin fondo*, podemos decir que tenemos un yo que existe, solo que no existe como creemos que existe, como algo independiente y separado de aquello que lo rodea. El problema surge al verlo como un yo sólido, rígido e independiente, y de no reconocer su carácter relacional e interdependiente. El punto aquí no consiste en tener o no tener un ego, ni menos en buscar eliminarlo, por suerte tenemos un ego que nos permite funcionar en el mundo relativo y dual. Se trata más bien de cómo nos relacionamos con él. Surgen entonces las preguntas: ¿Cómo nos relacionamos con nosotros mismos?, ¿tratamos de anular, superar y/o trascender nuestro ego?

Un ego inflado es aquel que se cree tan especial que pareciera no necesitar de los demás, o que se siente superior a los otros. Por su parte, un «ego desinflado» pareciera no darse ninguna importancia, pero esto es solo en la superficie. Sabemos que una persona con una baja autoestima o con un trato excesivamente autocrítico sigue manteniendo una relación conflictiva consigo misma. En la autocrítica, seguimos estableciendo una relación autocentrada, solo que desde la devaluación. Nuestro ego puede ser un ego ruidoso ya sea por engrandecimiento o por la autocrítica destructiva. El ego silencioso no es una falta de autoestima ni de confianza en uno mismo, sino un ego que puede funcionar en el mundo de una manera que nos sirve a nosotros y puede servir a los demás (Dambrun & Ricard, 2011).

Una parte importante de nuestro camino consiste en reconocer lo que podemos aportar, y también en aprender a recibir. En ambos casos se pone en juego entrar en contacto con otros para dejarnos tocar por la presencia que nos va transformando. Cuando reconocemos que somos seres interdependientes, es difícil mantener en pie la ilusión de un yo inflado o de un yo desinflado. Tal como lo diría el filósofo Español Ortega y Gasset, «soy yo y mi circunstancia, y si no la salvo a ella, no me salvo a mí mismo» (Ortega y Gasset, 2014). El yo de Ortega y Gasset es más amplio que la concepción tradicional del ego individual al cual estamos acostumbrados.

Lo fundamental es considerar nuestra experiencia completa y cómo nos relacionamos con ella. Incluso tratar de «superar» o «trascender» el ego puede transformarse en un acto de violencia. De ahí la importancia de aprender a relacionarnos de un modo amable y compasivo con nosotros mismos, en vez de relacionarnos desde la autocrítica y la continua lucha de una parte contra la otra. Tal como Thich Nhat Hanh lúcidamente nos enseña, podemos elegir cultivar la paz y renunciar a seguir manteniendo los conflictos internos. «Si sostengo una batalla conmigo mismo, gane quien gane, yo pierdo» (Nhat Hanh, 2000).

En sintonía con esta perspectiva, la neurociencia moderna ha recalcado en los últimos años la imposibilidad de identificar un centro o núcleo al cual podamos constituir como identitario, o como Francisco Varela lo explicaba, no es posible identificar un lugar específico donde esté alojada nuestra identidad, no podemos apuntar y decir: ¡Justo ahí estoy yo! En pocas palabras, no existe un núcleo básico al cual podamos apuntar como centro de nuestro ser (Varela et al., 1997).

Esta dimensión fluida de nuestro ser tiene también implicancias terapéuticas, ya que no estamos definidos por etiquetas definitivas, sino que somos seres que estamos en continua transformación y podemos ir asumiendo la responsabilidad de ir encarnando los cambios que queremos ver en nuestra vida. Podemos ir eligiendo nuestras rutas, modificando nuestro sendero de vida y con ello se van abriendo nuevas posibilidades. Esta dimensión fluida de nuestra identidad trae consigo habitar un espacio de mayor libertad y responsabilidad, ya que vamos eligiendo con nuestras actitudes, pensamientos y acciones quiénes queremos llegar a ser.

El sufrimiento/el nirvana

La tercera y última marca de la existencia es el reconocimiento de que en la vida hay sufrimiento (*dukkha* en pali) y el reconocimiento de que las experiencias tienen la posibilidad de ser insatisfactorias.

Hablar del sufrimiento como una de las tres marcas de la existencia es un tema polémico y donde no existe un completo acuerdo en la tradición budista. Si bien podemos reconocer que la conciencia del sufrimiento es una parte innegable de la experiencia humana, también podemos ser conscientes de que no todo en la vida es sufrimiento, por ende para algunos maestros, como Thich Nhat Hahn (2018), es discutible plantearlo como una marca de la existencia. Desde esta perspectiva, aunque es claro que el sufrimiento forma parte de la vida, esto no implica que toda experiencia en la vida sea sufrimiento.

Podemos reconocer que hay experiencias donde el sufrimiento no necesariamente está presente, y podemos ver como legítimas experiencias de bienestar y conexión, como, por ejemplo, cuando estamos tranquilos respirando y nada nos duele o molesta. Quedarnos atrapados en uno de los dos extremos del sufrimiento es riesgoso, tanto el creer que todo es sufrimiento, como el creer que no existe el sufrimiento.

El propósito del Buda en su búsqueda fue encontrar una salida al sufrimiento humano y podríamos decir que el sufrimiento está al inicio del camino, más no es todo el camino. El sufrimiento tiene causas que lo originan y lo mantienen, por tanto, no es sustancial, pues si las causas del sufrimiento cesan, el sufrimiento también desaparece.* Si el sufrimiento fuera considerado como omnipresente, ¿tendría sentido acaso buscar una manera de superarlo?

El sufrimiento puede ayudarnos a conectar con la plenitud del no sufrimiento, con lo valioso de la vida, con el sentido y el encuentro. Siguiendo un ejemplo concreto y sencillo, el sufrimiento producido por el dolor de muelas sin dudas puede ayudarnos a apreciar la experiencia de no tener dolor de muelas. Si no tuviéramos la experiencia del dolor no apreciaríamos ni entenderíamos el profundo valor que tiene vivir sin este dolor.

Las emociones intensas y dolorosas pueden ser la puerta de entrada para conectar con la vulnerabilidad compartida y al reconocerlo podemos valorar estar vivos y conectar con el cuidado, generando un sentido de aprecio y gratitud. Quedarnos solo en el dolor resulta angustiante y estéril. Es sabio generar gratitud y cariño al cuerpo que duele, especialmente cuando enfrentamos condiciones crónicas, es sabio cultivar una actitud amorosa y paciente.

Quedarnos atrapados en la conciencia del sufrimiento puede ser agotador y desesperanzador, es como entrar en un camino sin salida, sin embargo, la consciencia del sufrimiento acompañada del sincero anhelo por aliviarlo puede abrirnos las puertas para que florezca la compasión. *Dukkha* en el camino budista no solo no es un camino sin salida, al contrario, su reconocimiento es la señal que nos indica el camino para aliviarlo, el primer paso es reconocerlo y mirarlo frente a frente.

El maestro Thich Nhat Hanh señala que el sufrimiento no puede ser considerado como uno de los tres sellos de la existencia debido a que no todos los fenómenos de la experiencia contienen sufrimiento, en cambio sí podemos reconocer que todos los fenómenos de la experiencia son impermanentes y no tienen un yo

---

* Revisaremos con más detalles el tema del sufrimiento como camino hacia el bienestar cuando hablemos de la primera y segunda noble verdad.

sustancial (Nhat Hanh, 2018). Este maestro propone como tercer sello de la existencia el nirvana, que presenta como la cualidad de los fenómenos de aquietarse, de apaciguarse, como cuando se extingue el fuego. El nirvana implica volver a la quietud que subyace a toda experiencia, sería conectar con el sentido profundo y el valor de encontrar la serenidad. Volviendo a nuestro ejemplo, el nirvana sería reconocer que nuestro estado natural es vivir sin dolor (en un ejemplo, lo primario es la experiencia de no tener dolor de muelas, y lo extraordinario sería tenerlo).

En síntesis, desde la perspectiva de la filosofía y psicología budistas habitamos un mundo donde los fenómenos son impermanentes (*anicca*), donde no existe un yo sustancial ni independiente de otras condiciones (*anatta*), y donde hay sufrimiento (*dukkha*), pero donde este puede ser aliviado, y es posible alcanzar una profunda serenidad (nirvana). Estos principios son la base de todas las enseñanzas, incluyendo las cuatro moradas sublimes. Podemos pensar entonces que la ecuanimidad, el amor, la alegría y la compasión son impermanentes, tienen el potencial de crecer y desarrollarse, no son cualidades independientes, sino relacionales e interdependientes y además contribuyen en el camino del alivio del sufrimiento humano.

Junto con los tres sellos de la existencia, en el corazón de la filosofía budista están las cuatro nobles verdades, que marcan un camino específico y práctico para buscar aliviar el sufrimiento y alcanzar un mayor bienestar, esa era precisamente la inspiración e intención del Buda al presentarlas por primera vez y como una de sus principales enseñanzas. Las cuatro nobles verdades ofrecen un camino práctico que decenas de generaciones y millones de personas han transitado y siguen transitando en la actualidad. A continuación, nos detendremos a revisar en qué consisten.

LAS CUATRO NOBLES VERDADES

Las cuatro nobles verdades tienen una tradición de más de dos mil quinientos años y son aceptadas como enseñanzas centrales en todos los linajes budistas. Las cuatro nobles verdades es la forma que eligió el Buda para formular su primera enseñanza después de haberse iluminado. Cuando Siddharta alcanza el despertar y encuentra la respuesta a su larga búsqueda existencial, pasa días practicando sin pronunciar palabra, disfrutando del estado de completa liberación. Luego de un tiempo el Buda decide compartir lo que ha comprendido y el camino que lo ha llevado a la liberación y busca a sus antiguos compañeros de práctica ascética para compartir con ellos sus primeras enseñanzas (llamadas *sutras*). El primer *sutra* o enseñanza de Buda es *el sutra de la puesta en movimiento de la rueda del dharma* que trata precisamente sobre las cuatro nobles verdades.

La primera y segunda noble verdad se refieren al sufrimiento y sus causas, mientras que la tercera y cuarta noble verdad tratan sobre la existencia del fin del sufrimiento y el medio para alcanzarlo. Comprender las dos primeras verdades es esencial en cuanto al reconocimiento del sufrimiento y aprender a dejar de perpetuarlo, mientras que las últimas dos verdades abren una senda práctica de alivio y liberación.

Aun cuando han pasado más de dos milenios desde el momento en que estas enseñanzas fueron enunciadas, creemos que siguen ofreciendo un camino vigente para los seres humanos de nuestra época, no solo para quienes estén específicamente interesados en el budismo, sino también para cualquiera que tenga la motivación para profundizar en las raíces del sufrimiento y encontrar el bienestar. Esto se debe a que las cuatro nobles verdades ofrecen un camino para comprender y abordar temas centrales en la vida humana que no varían estructuralmente con el paso del tiempo.

Primera noble verdad: sobre el dolor, el sufrimiento y la insatisfacción

No es fácil abrirse a la realidad del sufrimiento, pero la primera noble verdad apunta precisamente a esto. La primera noble verdad nos invita a reconocer que hay sufrimiento en el nacimiento, en la vejez, la enfermedad y la muerte; estar en contacto con lo que es desagradable trae sufrimiento, estar separados de lo que es agradable trae sufrimiento y no obtener lo que uno anhela también trae sufrimiento.

Todos los seres humanos de todos los tiempos experimentamos sufrimiento y cada uno de nosotros está expuesto a esta condición de la existencia. Paradójicamente, aunque compartimos esta vulnerabilidad, tenemos también la capacidad de agregar capas de resistencia y negación a esta realidad, más aún si nos desarrollamos en una cultura que tiende a negar y esconder la enfermedad, la vejez y la muerte. Pero negar el sufrimiento no lo hace desaparecer.

¿Por qué dice la primera noble verdad que hay sufrimiento? Piensa en lo siguiente: si se trata de algo vivo, envejecerá y morirá. Si es un objeto valioso, puede ser robado, si está hecho de metal se oxida, si es digital va a quedar obsoleto en seis meses. Queremos salud, larga vida, conocimiento, armonía, seguridad, aprobación, belleza. Lo queremos todo. Incluso podemos tener mucho y no ser felices, seguimos deseando lo que no tenemos.

Quizá no te interesen las cosas materiales y solo buscas experiencias espirituales. Decides asistir a un retiro y te das cuenta de que las sesiones de meditación a menudo son desafiantes y traen sensaciones de incomodidad, aburrimiento, dolor físico o psicológico y te encuentras con tus fantasmas. Aunque quizá tengas una muy «buena sesión de meditación», pero... no hay nada como una buena meditación para arruinar el resto de tu día, ya que te quedas buscando repetir la experiencia.

No solo deseamos experiencias placenteras, sino que deseamos que ojalá no terminen. Si pudiésemos vivir todos los futuros que hemos imaginado, necesitaríamos estar aquí por una eternidad. Tenemos la creencia de que las condiciones externas van a brindarnos felicidad, pero lo cierto es que la calidad de nuestra mente es la que define en buena parte la felicidad que podemos vivir.

Esta primera noble verdad debe ser indagada en la propia experiencia. El sufrimiento es parte inherente de la vida, estar vivos y ser seres sintientes implica estar expuestos al sufrimiento y, por lo tanto, tenemos la posibilidad de reconocerlo, de mirarlo de frente, y desde este reconocimiento elegir cómo relacionarnos ante él. Si vivimos de manera poco consciente, el sufrimiento puede transformarse en un calvario, pues nosotros mismos lo vamos alimentando a través de nuestros patrones habituales. Paradójicamente, ser conscientes del sufrimiento que experimentamos abre las puertas para encontrar el camino para aliviarlo.

Sin embargo, es relevante que nos preguntemos primero: ¿Qué entendemos por sufrimiento?, ¿existen diversos tipos de sufrimiento? En pali la palabra que traducimos habitualmente como 'sufrimiento' es *dukkha,* aunque una traducción más precisa sería 'insatisfactoriedad'. Tradicionalmente se explican tres tipos de *dukkha*:

1. Dolor directo de la experiencia (*dukkha-dukkhata*)

Se refiere al dolor físico o emocional más directo. Este dolor forma parte de la vida, incluso el Buda, al ser un ser humano, tuvo en algún momento dolor de estómago o pasó hambre. Las enseñanzas de Buda no pretenden decirnos que si seguimos su camino no sentiremos nunca dolor de estómago. El Buda no pretendía que nos anestesiáramos ante los dolores directos asociados a estar vivos, sino más bien pretendía enseñarnos a relacionarnos con el dolor sin generar sufrimiento añadido.

2. Dolor como miedo o inseguridad frente al cambio (*viparinama-dukkha*)

La asociación con lo que no se ama, la separación de lo que se ama y no conseguir lo que queremos producen sufrimiento.

Lo cierto es que no podemos controlar ni hacer permanentes las experiencias placenteras. Lo placentero es temporal y como todo fenómeno en algún momento va a pasar y esto genera insatisfacción. Buscamos constantemente seguridad, predictibilidad, pero un giro en el destino puede cambiarlo todo y no lo controlamos. Esta inseguridad no es solo tuya, la compartimos todos los seres humanos.

Podemos reconocer que los seres humanos somos constructores de certezas, vamos creando orden y buscamos darle sentido a las experiencias de vida que vamos teniendo y en parte lo hacemos como una forma de controlar la incertidumbre en un mundo que no es ni ordenado ni necesariamente tiene sentido. Si somos honestos, estamos continuamente buscando controlar para no sufrir, incluso buscamos predecir lo que ocurrirá, aunque en la práctica controlemos muy poco.

3. Sufrimiento ante una existencia condicionada (*sankhara-dukkha*)

Finalmente, tenemos un tercer tipo de sufrimiento más sutil, que podríamos asociarlo a una insatisfacción existencial. Se trata de una sensación general de inquietud y malestar que es independiente de las circunstancias, es un estado en el cual no encontramos la paz y a calma que anhelamos.

El sufrimiento de la existencia condicionada se refiere a toda experiencia física y mental que experimentamos como seres humanos. Independientemente de si estamos experimentando placer o dolor, o incluso un estado neutro, siempre nos estamos preparando para el sufrimiento futuro, simplemente porque tenemos un cuerpo y una mente que fácilmente pueden desequilibrarse y sufrir.

Las personas y las experiencias de la vida tienen el majadero hábito de no cumplir con nuestras expectativas y la vida parece tener un guion propio independientemente de nuestros planes. Una parte importante de la vida está relacionada con aprender a relacionarnos sabiamente con el sufrimiento, sin embargo, no es algo que habitualmente se enseñe, pese a lo cual debemos hacerlo con las herramientas que tengamos, algunas de las cuales suelen aumentar el sufrimiento.

Es realmente compasivo descubrir el sufrimiento, comprenderlo y aprender a relacionarnos con él, en vez de evitarlo o esperar que desaparezca a través de la negación y el (pseudo)control. Un aspecto muy relevante de la primera noble verdad sobre la existencia del sufrimiento, es que este no es comprendido como algo sustancial e inmodificable, sino como algo que es sostenido por causas particulares, gracias a las cuales se mantiene y sin las cuales deja de estar. Precisamente de estas causas trata la segunda noble verdad.

Segunda noble verdad: el origen del sufrimiento (deseo, sed, apego y aferramiento)

La segunda noble verdad plantea que el origen del sufrimiento tiene causas. El sufrimiento no se genera de manera espontánea, sino que hay aspectos que activamente lo generan y lo sostienen, del mismo modo en que el fuego es mantenido por la madera, el oxígeno y la temperatura. El sufrimiento tiene causas y si esas causas dejan de estar presentes, también dejará de estar presente el sufrimiento, ya que depende de ellas, aunque no siempre lo veamos con claridad.

Tal como lo señalamos previamente respecto a los obstáculos de la práctica, más allá de los objetos de deseo, que pueden ser diversos y diferentes para cada persona, la avidez con la cual deseamos algo puede ser una fuente de sufrimiento.

La segunda noble verdad no pretende eliminar el deseo de la vida, ni llevarnos a la parálisis, la anhedonia (incapacidad de disfrutar) o a la desconexión. La segunda noble verdad no se refiere a eliminar los deseos, sino más bien a identificar la avidez, el deseo ansioso y aferrado, sediento, aquel impulso que nos saca de nuestro centro y nos hace sufrir. La segunda noble verdad es una indagación hacia nuestra propia mente y nuestras motivaciones que están sustentando aquello que nos está haciendo sufrir. En esta indagación no solo exploramos la avidez (que simplemente es la primera de una lista de aflicciones que generan sufrimiento), sino que también prestamos atención a la agresividad, la inseguridad, el orgullo, la envidia, el miedo, etc.

Aferrarnos a lo que nos gusta y querer que las cosas sean como queremos, o evitar a toda costa lo que nos desagrada, es lo que nos mantiene en el círculo del sufrimiento. Si practicamos ser honestos con nosotros mismos e identificamos las causas o las motivaciones que nos llevan a ir por un camino que a la larga será penoso, tendremos la oportunidad de reducir las fuentes de sufrimiento. El Buda es como un médico que nos dice: «la enfermedad tiene cura y el camino para sanar pasa por identificar con la mayor precisión posible las causas del malestar».

Tercera noble verdad: el fin del sufrimiento es posible

La tercera noble verdad establece que el cese del sufrimiento es posible y esto depende de ir soltando las causas del sufrimiento. La tercera noble verdad es el reconocimiento de la buena noticia de que no estamos condenados a sufrir en ciclos sin fin. Así como las causas emergieron en algún momento, existe la posibilidad de dejar de mantenerlas activas y alcanzar la paz.

Del mismo modo como una llama no puede arder sin los leños que la alimentan, el sufrimiento no puede subsistir sin el apego, la aversión y la ignorancia que lo mantienen vivo. La tercera noble verdad nos indica que es posible aprender a quitar la leña que alimenta la llama del sufrimiento y que al hacerlo podemos tocar el bienestar.

Resulta interesante que muchas de las metáforas que se han utilizado en Occidente para hablar del despertar o de trascender un estado de sufrimiento han sido lumínicas, de hecho se habla de iluminación cuando ocurre este momento. Quizás por esto resulta difícil concebir que el bienestar desde esta tradición se relaciona con extinguir la llama, más que con avivarla.

La tercera noble verdad nos muestra que es posible no continuar generando sufrimiento. En sánscrito la palabra nirvana etimológicamente significa 'extinción', como cuando la llama de un fuego se apaga. El simbolismo aquí está relacionado con extinguir la agitación y encontrar la serenidad y el bienestar.

Pasar de la metáfora de la iluminación a la metáfora de la extinción para alcanzar el bienestar implica un cambio bastante radical de perspectiva, ya que podemos tener bastante asociado el bienestar a un estado o meta que alcanzamos después de haber realizado un gran esfuerzo. Sin embargo, la perspectiva de la extinción (nirvana) implica soltar las causas que erróneamente creemos que nos llevan a la felicidad pero que en realidad mantienen vivo el sufrimiento. Son precisamente muchas de nuestras metas las que nos tienen atrapados.

Detenernos y soltar implica dejar de hacer más de lo mismo. Cuando tenemos una pesadilla donde nos persiguen, nos escondemos, corremos más rápido, saltamos un barranco, nos subimos a un árbol…, sin embargo, en el sueño nada de esto parece funcionar. La verdadera respuesta, la que nos salva es dejar de huir y despertar. Todo el esfuerzo que hacemos por escapar en la pesadilla es parte integral de la pesadilla misma y, por paradójico que suene, intentar escaparnos perpetúa la pesadilla, hasta que en algún momento vemos que algo no cuadra y dejamos de escaparnos, soltamos el ímpetu de hacer más de lo mismo, dejamos de correr en la rueda del hámster, y al hacer esta pausa todo cambia.

La respuesta propuesta es detenernos, hacer pausas y microextinciones, en vez de seguir alimentando el patrón que sostenemos al perseguir lo que queremos, rechazar lo que no queremos o simplemente ignorar la experiencia. Nuevamente, esto no implica no tener deseo ni tampoco vivir en la inactividad, sino más bien implica ir al fondo del problema: se trata de reconocer y cambiar un tipo de relación compulsiva y controladora con la vida, donde paradójicamente nuestras respuestas condicionadas terminan generando y sosteniendo el problema que pretendemos aliviar.

Y en vez de la avidez ¿qué? La alternativa a la avidez es la ecuanimidad, que no es ausencia de motivación, sino tomar una perspectiva más amplia para dejar de caer en el patrón reactivo. En vez de cultivar los tres venenos que ya hemos mencionado (la avidez, la aversión y la ignorancia), podemos habitar las cuatro moradas sublimes, que exploraremos con más detalle en la segunda parte del libro.

En nuestra experiencia podemos reconocer momentos en que nuestra mente puede estar atrapada en sus narrativas dramáticas y de pronto conectamos con la práctica de mindfulness y súbitamente se disuelve esa narrativa que parecía tan sólida y, con ella, parte del sufrimiento que la acompañaba. Eso es un micromomento de extinción, un pequeño nirvana. Tenemos el ejemplo de una amiga a quien le encanta resolver problemas, y cada situación que ella percibe es rápidamente interpretada desde este hábito mental. Sin embargo, cuando no hay ningún problema que resolver vuelve a sentir esa avidez. Cada uno tiene sus obsesiones y compulsiones, y la práctica nos ayuda a notar estos hábitos inconscientes y nos invita a soltarlos.

Con algo de esfuerzo y continuidad en la práctica podemos cultivar cierta tranquilidad, paz, alegría y podemos liberarnos de nuestras obsesiones. Empezamos a conocernos un poco más y a reconocer las estrategias disfuncionales de nuestra mente. Tenemos momentos de alivio y podemos asomar la nariz fuera del agua para respirar hondo en vez de seguir ahogándonos. Tenemos momentos de claridad, tranquilidad y apertura. Esos micromomentos de paz pueden irse estabilizando con el tiempo y la práctica y, poco a poco, podemos encontrar una paz más duradera. Cuando se va ganando estabilidad y no reactividad, la mente se va volviendo más resiliente. Se comprende la impermanencia y, por lo tanto, no le pedimos a la realidad que calce con nuestra expectativa. Podemos dejar que las cosas sean lo que son y podemos sentirnos un poco más cómodos con la forma en que la vida se va manifestando, aunque no sean las circunstancias ideales. Cultivamos la aceptación y el aprecio, no porque las condiciones sean perfectas, sino porque es una alternativa más sabia que resistirnos. Ser conscientes y aceptar nos permite responder de un modo más ajustado a las circunstancias y con eso podemos reducir o evitar el sufrimiento propio y el de otras personas.

La tercera noble verdad es la buena noticia que nos dice que el ciclo del sufrimiento tiene fin, pero como sabemos, no basta con anunciar una buena noticia, es necesario presentar un camino práctico que transitar, y esto es lo que se presenta en la cuarta noble verdad, un camino denominado el noble óctuple sendero.

Cuarta noble verdad: el noble óctuple sendero

La cuarta noble verdad es el camino propuesto para buscar aliviar el sufrimiento o insatisfacción reconocidos en la primera noble verdad y se le denomina el noble óctuple sendero porque tiene ocho dimensiones. Este sendero óctuple incluye (1) la visión o perspectiva correcta, (2) la intención correcta, (3) el habla correcta, (4) la acción correcta, (5) el medio correcto de subsistencia, (6) el esfuerzo correcto, (7) la atención correcta o mindfulness y (8) la concentración correcta.

La tradición señala: la primera noble verdad, la verdad del sufrimiento, debe ser entendida; la segunda verdad, la verdad del origen del sufrimiento debe ser abandonada; la tercera verdad, la verdad de la cesación del sufrimiento, debe ser realizada; y la cuarta verdad, la verdad del sendero, debe ser practicada.

Quizás lo primero que conviene aclarar es el término «correcto». En este contexto, correcto no es sinónimo de perfecto ni ideal, ya que no apela a alcanzar una regla preestablecida. En un sentido profundo, podemos pensar en lo correcto como la mejor respuesta posible considerando el contexto específico y las posibilidades que tenemos. Las circunstancias de vida habitualmente son complejas y multicausales, por lo tanto, las reglas estrictas y simples se vuelven estrechas a la hora de orientar una conducta particular, y pueden resultar contraproducentes a medio y largo plazo.

Siendo plenamente conscientes de la situación en que estamos y considerando las posibilidades que tenemos, podríamos pensar en lo «correcto» más bien como «lo que es sabio», es decir, como la mejor respuesta posible que contribuye a reducir el sufrimiento y brindar el mayor bienestar en esa situación.

Establecer un estado ideal o correcto de manera rígida tiñe la experiencia presente con el marco de las ideas preestablecidas y, en este sentido, nubla la experiencia directa y nos impide observar el momento presente con nitidez. Es interesante que el mismo noble óctuple sendero considere prestar atención a lo que ocurre en el momento presente, desarrollando una visión clara y amplia de la impermanencia y la interdependencia como parte del camino.

En nuestro contexto actual, y para no confundirlo con la obediencia ciega de reglas, preferimos utilizar la palabra «sabio» en vez de la palabra «correcto», entendiendo «sabio» como la respuesta que emerge desde una mayor conciencia, desde una visión clara y guiados por una motivación compasiva.

Los ocho aspectos del óctuple sendero tradicionalmente han sido divididos en tres grandes grupos: la comprensión de la realidad, la conducta ética y virtuosa, y el entrenamiento de nuestra mente.

I. Comprensión de la realidad

La comprensión de la realidad comprende los dos primeros aspectos del noble óctuple sendero, (1) la visión sabia y (2) la actitud o intención sabia.

1. La visión sabia

La visión sabia o directamente la sabiduría (en sánscrito *prajna*) es el punto de inicio y también el final del noble óctuple sendero, ya que informa y sostiene a los demás aspectos del sendero, lo cuales a su vez conducen hacia una mayor sabiduría. La visión sabia es una invitación a mirar con la mayor amplitud y claridad nuestra vida.

La visión sabia no es una prescripción sobre como son las cosas, no es una verdad revelada o dogma que tengamos que creer o seguir para salvarnos, sino más bien, es una visión que nos invita a mirar por nosotros mismos y más allá de las distorsiones de nuestra comprensión condicionada, reconociendo que nuestra percepción está condicionada por nuestros patrones habituales cultivados a través del tiempo, y reconociendo también que tenemos la posibilidad de darnos cuenta de ello y transformar estos patrones para ver con mayor claridad.

La visión sabia no es una nueva ideología que venga a reemplazar a otras, más bien es una perspectiva que nos invita a cuestionar nuestras ideas preestablecidas, las cuales vamos dando por sentadas con el paso del tiempo. La visión sabia es una invitación práctica a volver a conectar con la experiencia, es una invitación a ir desarrollando una perspectiva cada vez más abierta, curiosa y desprejuiciada, y sobre todo cuestionar una visión monolítica y reificada de la realidad. El desarrollo de una visión sabia es un trabajo para toda la vida, y está relacionado con no quedarnos fijados a un punto de vista particular, reconociendo que la experiencia es dinámica.

Por supuesto, todos tenemos ideas y prejuicios, los cuales vamos construyendo producto de nuestras experiencias, y sin dudas muchas de estas ideas han cumplido funciones valiosas ya que nos ayudan a anticipar, predecir, buscar la mejor forma de ir afrontando nuestras circunstancias de vida. Sin embargo, el primer paso de la visión sabia implica no aferrarnos a nuestras ideas y abrirnos al no saber. La pregunta práctica en este punto es: ¿Qué privilegiamos, nuestras ideas sobre las cosas o abrirnos a la novedad de lo que está ocurriendo?

La visión sabia se relaciona con cultivar una mente abierta a conocer e investigar la realidad y nuestro funcionamiento, una mente atenta a investigar las marcas de la existencia en lo cotidiano: la impermanencia, la ayoidad, la insatisfactoriedad y la liberación. Desarrollando una mentalidad que privilegie indagar, que tenga la flexibilidad y humildad para no creer ni defender lo que creemos como una verdad definitiva, sino más bien como una perspectiva parcial y sujeta al cambio, cultivando la flexibilidad para adaptarnos cada vez que las nuevas circunstancias lo ameriten. Una visión sabia se aleja de las ideologías y cultiva una actitud de apertura. La sabiduría de la visión sabia implica estar abierto a ser *desconfirmados* en lo que creemos.

Un ejemplo de esto es una práctica que se realiza en Plum Village, el monasterio de Thich Nhat Hanh en Francia, cuando se nos invitó a cuestionar lo que dábamos por cierto. Durante el transcurso de un día se nos invitaba a hacernos las siguientes preguntas: ¿Estás seguro? ¿Y si fuera de otra forma?, ¿cómo sería? La idea no era caer en una especie de nihilismo, la invitación simplemente consistía en experimentar abrirnos a nuevas posibilidades y cuestionar nuestras preconcepciones, haciendo el ejercicio de revisar nuestros puntos de vista, que muchas veces parecen estar firmemente arraigados. Era una experiencia valiosa poder cuestionar nuestras creencias y abrirnos a nuevas, lo cual se experimenta como una ampliación del propio mundo, al tiempo que van perdiendo peso las creencias que nunca antes habíamos cuestionado. Al realizar de nuevo esta práctica muchos años después, aún notamos el potencial terapéutico que tiene, al brindarnos una sensación de libertad y espacio y una posibilidad concreta de soltar nuestras ideas fijas.

A pesar de las trampas que nos vamos poniendo, los seres humanos también tenemos una gran capacidad de detenernos y cuestionar nuestras creencias, y con esto podemos ampliar nuestra mirada, volviéndola cada vez más comprensiva y compasiva. En palabras de Thich Nhat Hanh, una mayor comprensión nos conduce a una mayor compasión. La visión sabia implica apertura, mayor comprensión de la situación y esta comprensión nos permite tener una actitud más compasiva.

2. Actitud o intención sabia

En cada cosa que hacemos, no solo está incluido *lo que* hacemos, sino el *cómo lo hacemos*. En cada momento de nuestra vida estamos adoptando una determinada actitud. Hacemos algo y simultáneamente lo hacemos de una manera particular. Vemos esto en cada acción cotidiana que emprendemos: cómo nos levantamos en la mañana, cómo nos cepillamos los dientes, cómo tomamos desayuno o cómo meditamos.

Podemos ver a dos meditadores, uno al lado del otro, y aun cuando estén realizando la misma acción, es posible que tengan intenciones y actitudes diferentes, incluso opuestas en la misma práctica. Cada acción que realizamos está acompañada de un modo que es tanto o más relevante que lo que hacemos. Encontrar un equilibrio entre el *qué* y el *cómo* no es una tarea fácil para nadie y cada uno busca equilibrar las tensiones que van apareciendo. En ocasiones podemos tener una intención noble, pero el modo en que las llevamos a cabo puede ser incongruente con el fin que perseguimos. Por ejemplo, podemos organizar un taller de mindfulness para reducir el estrés, y a la vez estar estresados al prepararlo e implementarlo, ¡menuda paradoja! Podemos llegar a hacer un gran esfuerzo por meditar, lo que termina perjudicando la misma práctica. La actitud guiada por la intención es observable por los demás y muchas veces comunica más que lo que decimos con palabras.

La actitud sabia es una continua invitación a cultivar una actitud de mayor benevolencia y compasión, en contraposición a una actitud de malevolencia o de buscar únicamente el propio provecho en desmedro del de los demás.

En la tradición budista habitualmente se destacan tres características de la actitud sabia: el no apego, la benevolencia y la no violencia.

El no apego: esta actitud apela directamente a ir soltando la avidez (tal como lo veíamos en el capítulo sobre los obstáculos de la práctica). Sabemos que estamos de paso por esta vida, que nuestras vidas son breves e inciertas y que la avidez puede generar un enorme sufrimiento en nosotros y en los demás. El no apego es una invitación continua a elegir vivir de un modo más ligero, soltando nuestro afán de que las cosas ocurran de una determinada manera, lo cual no significa deshacernos de todo lo que tenemos, ni de quedarnos inactivos, sino más bien adoptar una actitud de ligereza, de no volvernos demasiado graves ni darle demasiada importancia a aquello que no la tiene.

Los seres humanos tenemos una sorprendente capacidad de apegarnos, tanto a objetos materiales (una casa, un automóvil, un oso de peluche) como no materiales (nuestro estatus, una cierta manera de hacer algo, nuestra imagen pública, nuestra autoimagen). Más allá de los «objetos de apego» que pueden ser incontables y diversos, el apego genera un tipo de relación donde termina predominando una actitud de dominio y control.

La actitud sabia de no apego es una invitación a la libertad que produce el dejar de correr detrás de promesas de felicidad y poder conectar con la satisfacción y el contentamiento disponibles ahora, la libertad de vivir con mayor plenitud el momento presente. El no apego tiene un toque de humor y soltura, nos invita a no tomarnos tan en serio ni darnos tanta importancia, ni pretender ser Hércules cargando sobre nuestros hombros las enormes responsabilidades del mundo, sino más bien, reconocer que primordialmente somos seres libres, que nos guiamos por valores y que podemos caminar junto a otras personas, ofreciendo nuestro aporte y sonriendo.

La benevolencia: una segunda actitud sabia es la de benevolencia, lo cual implica dar un paso más allá del no apego para generar un sentido de bondad y cuidado hacia uno mismo y los demás, con el deseo de contribuir al alivio del sufrimiento incluso si no está en nuestras manos conseguirlo.

Un ámbito donde podemos practicar la benevolencia es en nuestras intenciones. Por ejemplo, podemos dejarnos llevar por el impulso y desearle mal a alguien que creemos que nos ha hecho daño. Esto transforma al otro en un enemigo, y podemos sostener esta visión durante meses o años o durante la vida entera. Sin embargo, los seres humanos no estamos condenados a hacer esto y, afortunadamente, también podemos elegir adoptar una actitud benevolente, podemos cultivar la intención de promover la intención de que la otra persona pueda ser feliz y estar libre de sufrimiento (en la tradición budista se la denomina *metta* o bondad amorosa*).

La benevolencia no es una actitud ingenua, tampoco significa que no haya situaciones o interacciones que nos puedan sacar de quicio, ni que por momentos no sintamos ira o frustración. Se trata más bien de adoptar una actitud ante el mundo, ante los demás y ante nosotros mismos de buena voluntad, de canalizar nuestra intención, actitud y acciones orientados a buscar el reconocimiento y valoración del otro.

Un bello ejemplo de una actitud benevolente está en las siguientes frases del maestro Thich Nhat Hanh, quien nos invita a que cada mañana tomemos conciencia del milagro que implica estar vivos y, desde este aprecio, elegir orientarnos en la dirección de la benevolencia y la compasión.

> *Al despertar esta mañana sonrío.*
> *Veinticuatro nuevas horas me esperan.*
> *Prometo vivir plenamente en cada momento,*
> *y mirar a los seres con ojos de compasión.*
> **–Nhat Hanh, 2012, p. 5**

---

* Sobre el amor, hablaremos más en profundidad en la segunda parte, cuando revisemos el segundo estado inconmensurable de la mente.

La benevolencia se practica cuando estamos presentes y, sobre todo, en mirar a los demás con los ojos de la compasión, conectando con el reconocimiento de que todos compartimos un anhelo profundo de bienestar, de sentirnos felices y plenos, y de tener una vida con sentido. Más allá de que en muchas ocasiones nos equivoquemos o que incluso no tengamos claro cómo conseguirlo, podemos partir por el reconocimiento de nuestra humanidad compartida, recordando que todos somos seres sintientes que compartimos el anhelo de tener alegría, paz y felicidad en nuestras vidas.

Cultivar cotidianamente la benevolencia nos ayuda a ablandar nuestro corazón, nos ayuda a no seguir sumando capas de protección que nos separan de los demás y, sobre todo, nos ayuda a contrarrestar nuestra tendencia a reaccionar impulsivamente cuando nos sentimos vulnerables. Sin dudas, la primera persona que se ve beneficiada al cultivar esta actitud benevolente es uno mismo.

La no violencia: el tercer componente de la actitud sabia es la no violencia (en sánscrito *ahimsa*). Es interesante notar que la no violencia es propuesta como uno de los aspectos centrales de la comprensión de la realidad en el contexto del óctuple sendero. Aquí hay un reconocimiento de que todas y todos anhelamos sentirnos bien, en paz y estar libres de sufrimiento y, por tanto, la violencia impide satisfacer esta necesidad e impide una comprensión sabia.

La no violencia parece ser la respuesta sabia ante el reconocimiento de que somos seres sensibles y que anhelamos estar libres de sufrimiento. Hoy existen múltiples estudios que sugieren que las respuestas violentas son aprendidas y nacen de la frustración, mientras que la respuesta de cuidado compasivo es primaria. Por ejemplo, el historiador Samuel Marshall investigó la renuencia inicial que tienen los soldados a disparar cuando el enemigo está cerca y pueden verlo. Incluso a militares con entrenamiento les resulta antinatural agredir y dispararle a otro ser humano y para poder hacerlo necesariamente tienen que tomar distancia (Marshall, 2000). Naturalmente, la capacidad para la violencia es entrenable (tal como la no violencia y la compasión), por tanto los humanos podemos volvernos violentos con algo de entrenamiento.

Aun cuando el concepto «no violencia» parece la negación de algo, se trata de una actitud activa que requiere ser puesta en práctica. Necesitamos generar las condiciones necesarias para el crecimiento y desarrollo de los demás, sin maltrato, sin discriminación, sin violencia, construyendo una cultura de paz. Es una actitud que puede llegar ser un modo de vida.

La no violencia no implica solo no dañar intencionalmente, sino que es un ejercicio activo de promover las condiciones de alivio del sufrimiento y de generar un bienestar duradero que traiga alegría y paz a otros seres humanos y no humanos. La no violencia no se trata solo de abstenernos de agredir a alguien, sino que implica también actuar promoviendo el respeto y protección por la integridad de los demás. De modo más sutil, la actitud de no violencia no se juega solo cuando respondemos sabiamente a una acción violenta, en ocasiones implica prevenir o adelantarse a situaciones que puedan generar sufrimiento. Un ejemplo emblemático de esta capacidad preventiva de la no violencia fue la actitud que tomó Nelson Mandela después de estar en prisión durante veintisiete años y tras unas muy complejas elecciones cuando fue elegido primer presidente negro de su país. Mandela comenzó un diálogo de paz con grupos que habían impuesto el *apartheid*, que se oponían fieramente al fin del segregacionismo y que habían estado relacionados con su propio encarcelamiento. Se pudo prevenir una guerra civil y un derramamiento de sangre gracias a conversaciones que fueron sostenidas durante meses en secreto. Mandela mediante el diálogo y una actitud preventiva de la no violencia, contribuyó a que una paz pudiera ir germinando en Sudáfrica, cuando las raíces de la paz estaban aún muy tiernas (Bregman, 2021).[*] La actitud no violenta de Mandela al asumir el poder fue lo que hizo posible la transición pacífica que finalmente ocurrió en Sudáfrica.

A nivel social, es considerable el aporte que ha brindado la no violencia a distintas comunidades. Tenemos el ejemplo de líderes de naciones influidos por este principio, quienes han aplicado la no violencia en contextos sociales y políticos particularmente complejos. Junto al ya mencionado Nelson Mandela en Sudáfrica tenemos los ejemplos de Mahatma Gandhi durante el proceso de independencia de la India del Reino Unido, Martin Luther King Jr. en el contexto de la lucha por los derechos civiles en los años sesenta en Estados Unidos y más recientemente hay ejemplos notables como Malala y su lucha por el derecho a la educación de mujeres afganas y de todo el mundo. Estos líderes guiados por la no violencia como un motor activo de transformación social han encarnado lo más luminoso de la capacidad humana durante el siglo XX y lo que llevamos del XXI.

Estas personalidades y miles de otras anónimas han trabajado y siguen trabajando por promover activamente la paz y generar las condiciones para que esta prevalezca. Estos líderes no son casos aislados y anomalías que confirman la supuesta regla de que los humanos somos egoístas, sino que son excelentes ejemplos que nos muestran la posibilidad concreta de construir un mundo no dominado por la ambición personal, sino por el amor y cuidado de las personas y sus comunidades. Estos movimientos sociales y políticos han sido inspirados explícitamente por el principio de la no

---

[*] Para conocer más detalles de este momento histórico puede revisarse el capítulo titulado: «La mejor medicina contra el odio, el racismo y los prejuicios», cap. 17 del libro *Dignos de ser humanos* de Rutger Bregman (2021).

violencia, y han transformado a millones de personas, generando un bienestar que antes parecía imposible.

Por supuesto, no hay que ser un líder mundial para practicar la no violencia. En el mundo hay cientos de miles, si no millones, de personas más o menos anónimas que trabajan día a día guiadas por los principios y valores de la no violencia. Junto con ellas, nosotros mismos tenemos decenas de oportunidades cotidianas en las cuales podemos poner en práctica la no violencia, por ejemplo, en nuestras relaciones familiares, con nuestros hijos, pareja, amigos, y en nuestros trabajos, la no violencia se puede poner en práctica día a día.

Por supuesto, nadie es perfecto en este principio, todos somos desafiados cotidianamente a ponerlo en práctica y nos equivocamos, incluso siendo concienzudos en tratar de respetar el principio de no violencia, seguramente realizamos acciones que terminan haciendo daño a otros y a nosotros mismos. La no violencia es una actitud para ser cultivada a lo largo de toda la vida y no es una meta que alcanzaremos de manera perfecta.

Una aplicación contemporánea del principio de no violencia es la comunicación no violenta (CNV), promovida por el activista y docente Marshall Rosenberg, quien implementó estrategias específicas de comunicación inspiradas en la no violencia y la compasión, las cuales se han puesto en práctica en múltiples contextos conflictivos (Rosenberg, 2017). La raíz de esta mirada está en la escucha profunda de las necesidades de los otros y de nosotros mismos. Con este ejemplo reconocemos cómo los principios de la no violencia se pueden transformar en metodologías concretas de cambio social que contribuyan a la resolución pacífica de conflictos cotidianos.

La sabiduría o visión sabia, junto con la actitud sabia —conformada por el no apego, la benevolencia y la no violencia— constituyen los aspectos nucleares de la comprensión de la realidad en el noble óctuple sendero. Tanto la visión sabia como la actitud sabia nos ayudan a desarrollar una mirada más clara y profunda de la experiencia humana que en todo momento es compleja. Este es el primer paso en el camino de aliviar el sufrimiento.

Después de revisar los dos primeros aspectos del noble óctuple sendero, asociado a la comprensión correcta de la realidad, trataremos ahora sobre la conducta ética o virtuosa (en sánscrito *shila*), donde están incluidos el habla sabia, la acción sabia, y el medio de vida sabio.

II. Conducta ética o virtuosa

1. El habla sabia

En un relato tradicional zen se cuenta la historia del encuentro entre un samurái y un monje, en el cual el samurái, que estaba pasando un momento de cuestionamientos existenciales, se acerca al monje y con un respeto reverencial le pregunta:

—Maestro, ¿podría decirme dónde está el infierno y donde está el cielo?

Al escuchar la pregunta el monje que se encontraba meditando, le responde:

—¿Cómo te atreves a interrumpirme? ¿Quién te crees? ¿Cómo alguien tan insignificante como tú viene a plantearme algo tan estúpido e interrumpir mi meditación? ¿Acaso no te da vergüenza?

Al oír esta respuesta el samurái se sintió profundamente humillado, furioso tomó su sable y se dispuso a atacar al monje, y justo antes de que concretara su ataque, el monje alcanzó a susurrarle:

—¡Ese es el infierno!

Al escuchar esto, el samurái quedó paralizado, súbitamente tomó conciencia de la lección que estaba recibiendo y reconoció cómo su ira lo estaba llevando a ser agresivo. Tras oír las palabras del monje, en el mismo instante el samurái sintió una enorme gratitud por la enseñanza de su maestro, acto seguido envainó su sable, se arrodilló y con veneración agradeció al monje. Este nuevamente le susurró al oído diciéndole:

—Bueno, y este es el cielo.

Las palabras, las que decimos y también las que callamos tienen un enorme efecto, tienen el potencial de afectar a los otros y a nosotros mismos. Aquello que afirmamos en voz alta o baja, incluso susurrando influye de múltiples formas; las palabras tienen el potencial de sanar y de destruir vidas.

El habla sabia reconoce el potencial que tienen las palabras con las cuales nos expresamos, y trata de cultivar un habla compasiva, un habla que genere una mayor conciencia y con ello ayude a reducir el sufrimiento. El sabio hablar implica ser fieles ante lo que vemos y sentimos, ser honestos, cuidando de no exagerar ni desestimar lo que decimos, pero no solo esto, ya que las palabras no solo representan la realidad, sino que tienen el potencial de crearla.

El lenguaje tiene una dimensión generativa y *performativa*, es decir, tiene el potencial de constituir realidades. Aquello que decimos va construyendo los mundos de significados en los cuales habitamos. En una sesión de un taller de mindfulness y autocompasión realizada hace algunos años una participante reflejó el poder que tienen las palabras y las metáforas sobre nosotros mismos. Luego de realizar una práctica expresó lo siguiente:

«Durante años aprendí a vivir mi vida como si estuviera viviendo en un campo de concentración, donde yo era al mismo tiempo la prisionera y la carcelera, era ambas. Una parte mía recibía los castigos, mientras que la otra parte era la encargada de castigarme y reprocharme. Hoy me doy cuenta de que no estoy condenada a vivir así y que puedo verlo de otro modo, yo misma puedo abrir las puertas que me aprisionan y salir de ese lugar y puedo elegir los espacios en los cuales quiero vivir».

Las metáforas que utilizamos marcan los límites del mundo que habitamos. Como es claro en esta metáfora del campo de concentración, podemos enmarcar el tipo de relación que establecemos con nosotros mismos y vamos moldeando nuestra experiencia de acuerdo al lenguaje que usamos para describirnos. Tomando consciencia de esto podemos ayudarnos a buscar alternativas y constituir una experiencia diferente.

Un hablar sabio es apreciativo y estimula un sano amor propio, promueve la capacidad de responder, incluso en momentos de adversidad. El hablar sabio es fiel a lo que observa y desde la perspectiva creativa contribuye a generar narrativas que hacen que las personas se sientan libres, capaces y con recursos, son narrativas de validación y posibilidad. El hablar sabio ayuda a transformar los campos de concentración que construimos en nuestra propia mente en campos abiertos y florecientes, llenos de posibilidades.

2. La acción sabia

Somos habitantes del mundo y en cada momento de nuestras vidas actuamos e influimos en el mundo con lo que hacemos o dejamos de hacer. Vamos dejando una huella con nuestro actuar, seamos conscientes o no de ello. Solo por poner un ejemplo, si comemos carne y lo hacemos por años, esa acción va moldeando nuestro cuerpo, nuestra mente y también tiene un impacto en nuestro planeta. Sin pensar siquiera en el sufrimiento animal, toma en cuenta que para producir un kilo de carne se necesitan entre cinco mil y veinte mil litros de agua, mientras que, para producir un kilo de lentejas, se necesitan alrededor de quinientos litros. Además del agua que se necesita para producir este alimento hay que tomar en cuenta el agua que se contamina en el proceso de producción. A esto se le llama la huella hídrica de los alimentos (Hoekstra & Mekonnen, 2012) y es solo una de las múltiples dimensiones implicadas en nuestro acto de comer. Nos demos cuenta o no de ello, actuar o elegir no hacerlo tiene efectos que muchas veces no alcanzamos a considerar a menos que comencemos a prestar atención a la red de impacto de nuestras acciones.

La acción sabia implica en primer lugar tomar conciencia de los efectos de nuestras acciones y omisiones, y a partir de esta toma de consciencia elegir actuar, orientados por nutrir y cuidar la vida y reducir el sufrimiento. Necesitamos tener en cuenta que siempre estamos en juego, no podemos sustraernos de la vida, o no podemos mirar desde el balcón, o más bien podemos hacerlo, pero esto es otra acción más. Como señala en su autobiografía el gran historiador estadounidense Howard Zinn (2018): «No puedes ser neutral en un tren en movimiento». El mundo es un tren en movimiento.

Nuestras acciones y omisiones tienen efectos, no dan lo mismo, por lo tanto, hay un compromiso ético en cada acción que realizamos o que no realizamos. Aunque es cierto que no podemos tener la seguridad completa del efecto que tendrán nuestras acciones y, sin quererlo, nuestras acciones pueden producir sufrimiento, sí podemos elegir actuar orientados por una intención y motivación particular, en vez de ser guiados por los hábitos reactivos y lo que nos inculca la cultura.

No resulta difícil ver que la acción sabia se encuentra íntimamente conectada con la visión sabia y con la actitud sabia, de las cuales hablábamos al comienzo del noble óctuple sendero, ya que la acción sabia es una manifestación natural de ir desarrollando una visión y una actitud cada vez más consciente y compasiva.

Por supuesto, todas y todos cometemos errores continuamente y habitualmente realizamos acciones poco sabias, a veces realizamos acciones que pueden hacer sufrir a otros. Pueden ser acciones puntuales, pero también podemos mantener pautas recurrentes de conducta que van produciendo un sufrimiento. Pensemos por ejemplo en las relaciones de pareja, donde existe la posibilidad de ir generando un patrón de relación donde puede ir creciendo el menosprecio mutuo, lo que a la larga se va naturalizando, generando un sentimiento de dolorosa desconexión. Puede resultar muy evidente que las conductas poco sabias no solo afectan a una persona, sino que afecta también a todas las que están en relación, como hijos, madres, padres, amigos, comunidad, etc.

No es posible establecer qué constituye una acción sabia *a priori*, ni tampoco puede estar guiada por una regla rígida de conducta, ya que una acción sabia en un contexto o en un momento, puede ser poco sabia en otro. La acción sabia tiene que considerar siempre las circunstancias particulares y la complejidad de una situación. Un componente primordial de estas acciones es que brotan de un estado de conciencia despierto y alerta, debiendo estar abiertas a ajustarse y propenden a contribuir al bienestar de los demás. Una conducta sabia mira, escucha, entiende y se ajusta a las circunstancias y para hacerlo requiere de la cualidad de una mente despierta.

La acción sabia como no hacer daño

Guiados por el principio de la no violencia, lo primero que tendríamos que tomar en consideración de la acción sabia es que ayude a detener las acciones que estén incrementando el sufrimiento activamente. Esto implica actuar para detener el sufrimiento, lo cual puede requerir coraje e involucramiento.

En las enseñanzas budistas, al igual que en otras tradiciones de sabiduría, se proponen los principios de no matar, no robar, no contribuir a la violencia sexual, no consumir alimentos o sustancias que le hagan daño a otros o al propio organismo. En ocasiones, en el budismo se han presentado estas indicaciones como preceptos, sin embargo, tenemos que reconocer que planteados así se obedecerán como una regla externa y esto puede hacernos perder el foco de ser conscientes de las circunstancias particulares. En algunas escuelas budistas estos principios no se describen como reglas, sino como entrenamientos, es decir, se proponen como prácticas que podemos ir cultivando en la vida cotidiana y en las que no existe la perfección, ya que todos estamos en proceso de aprendizaje continuo.

La lógica del «entrenamiento» en vez del «precepto» nos permite reconocer que cada día necesitamos poner en práctica las acciones sabias. Indagando en las intenciones que las guían, considerando sus efectos a corto, medio y largo plazo, hasta donde nos sea posible hacerlo y reconociendo que es un camino que se hace al andar. Para reforzar esta perspectiva de continua práctica puede ayudarnos recordar que el mismo Buda tras su despertar, no se jubiló ni se retiró, sino que continuó practicando hasta el último día de su vida.

Colocando ahora el foco en el actuar, un aspecto del cual hoy tenemos mayor claridad es que nuestras acciones nos van moldeando, van literalmente transformando nuestros cuerpos y nuestro cerebro por neuroplasticidad. Existe importante evidencia de que nuestras acciones sistemáticamente van generando significativos cambios funcionales y estructurales en nuestro cerebro y en todo nuestro cuerpo. Por ejemplo, de acuerdo a la investigaciones con poblaciones tan diversas como taxistas en Londres (Huang et al., 2018; Maguire et al., 2006), músicos (Elbert et al., 1986), deportistas (Wu et al., 2015), y también meditadores (Ricard et al., 2014; Kral et al., 2018; Tang et al., 2020), vemos que lo que hacemos va moldeando el funcionamiento y la estructura de nuestros cerebros. Esto abre una nueva faceta de la acción sabia: hoy la ciencia confirma que podemos esculpir cerebros y cuerpos más sabios a partir de realizar acciones sabias.

Podemos creer que no actuar y refugiarnos es más seguro, sin embargo, esto es una falacia, tal como decía Jorge Eduardo Rivera, destacado filósofo chileno: el mayor riesgo es no tomar ningún riesgo, porque no elegir es también una elección. Y corremos un gran riesgo al no comprometernos con la vida. La acción sabia tiene una dimensión ética, que nos interpela a ser conscientes de nuestros actos y omisiones (Rivera, 1999).

Finalmente, la acción sabia no tiene que ser considerada solo desde una perspectiva individual. Lo que hacemos afecta poderosamente a quienes nos rodean. Si le digo a mi amigo que es capaz y puede hacerlo, esas palabras tienen efecto en él; si me siento a meditar con otras personas, nos sostenemos unos a otros; o si no cumplo mi compromiso o mi promesa, esa omisión va carcomiendo mi autoconfianza y la confianza de otros en mí. Nuestras palabras y acciones impactan la vida de quienes nos rodean tanto positiva como negativamente y, en realidad, no podemos saber el verdadero y último alcance de nuestras acciones, solo podemos atisbar sus efectos.

Una buena síntesis de la importancia que tiene la acción sabia fue expresada por el Buda en el Dhammapada (Carter, 2015):

El pensamiento se manifiesta en la palabra,
la palabra se manifiesta en el acto,
el acto se transforma en el hábito,
y el hábito se petrifica en el carácter.
Vigila, pues, con atención, el pensamiento y sus caprichos,
y deja que brote del amor nacido del interés por todos los seres.
Como la sombra sigue al cuerpo,
así lo que pensamos se transforma en lo que somos.

Somos lo que hacemos, y al ser lo que hacemos naturalmente llegamos al tema del modo o medio de vida que vamos construyendo, que ya no son solo acciones, sino hábitos que desarrollamos y que van sustentando nuestro modo de vida. A continuación, revisaremos el quinto aspecto del noble óctuple sendero, que aborda el medio de vida sabio.

3. El medio de vida sabio

Íntimamente vinculado a la acción sabia está el quinto aspecto del noble óctuple sendero, el medio de vida sabio, el cual guarda relación con cómo vivimos, con el modo en que nos relacionamos con los demás y especialmente con cómo nos ganamos la vida.

Por supuesto, no todas las personas tienen las mismas oportunidades ni las mismas condiciones para elegir un medio de vida. Tenemos limitaciones concretas dependiendo del contexto en que vivamos y las oportunidades que este nos ofrezca, pero también es cierto que no estamos completamente determinados y siempre existe un espacio de libertad para tomar nuevas decisiones que van marcando nuestro camino. Es un arte asumir esa libertad disponible en nuestra vida e ir eligiendo hábitos y maneras de ganarnos la vida que no hagan daño y que puedan aportar a otros, a la vez que nos permitan sustentarnos.

Es claro que vender armas o traficar con drogas trae sufrimiento a muchas personas, y si tenemos la posibilidad de no hacerlo es importante dar ese paso. Sin embargo, esto no zanja el asunto ya que en cada tarea que hacemos está en juego el hacer o no hacer daño. Vivimos en sociedades profundamente interconectadas, interdependientes y complejamente organizadas, donde no podemos asegurar que nuestras acciones no estén generando sufrimiento a alguien, incluso en modos de vida muy nobles. Ser médico o maestro de escuela no garantiza actuar en favor del bienestar de los demás, por ejemplo, un maestro puede humillar a sus alumnos en vez de generar las condiciones propicias para motivarlos, con lo cual no solo está desperdiciando una gran oportunidad de contribuir al florecimiento de otros, sino que además está dañando.

Si lo pensamos con detenimiento, cada uno de nosotros, sea cual sea la labor que se encuentre, puede ir haciendo su aporte, y de ahí surgen las preguntas: ¿En qué labor me siento con más vitalidad y conexión?, ¿cómo puedo aportar, con mi labor cotidiana a quienes me rodean? Por supuesto, estas son preguntas que tendrán respuestas personales y creemos que vale la pena indagar con honestidad e ir escuchando qué va emergiendo como respuesta.

Los últimos tres aspectos del noble óctuple sendero (el esfuerzo sabio, el minfulness o atención sabia y la concentración sabia) hacen referencia al entrenamiento de la mente.

III. El entrenamiento

1. El esfuerzo sabio (Vayama)

El esfuerzo sabio apela a que nuestra acción sea ajustada, que no implique caer en la inacción ni realizar un sobreesfuerzo. Ambos extremos pueden ser un obstáculo para conseguir lo que se anhela, es cosa de pensar en lo que ocurre cuando nos desconectamos o nos esforzamos demasiado y nos sobreexigimos, estresamos o agotamos. Un ejemplo sencillo en el que podemos reconocer los efectos nocivos de ambos extremos es cuando tratamos de tener una «buena meditación»: con la inacción simplemente no llegamos a practicar y, en el otro extremo, un excesivo empeño por intentar hacerlo bien nos termina perjudicando y se puede transformar en el problema.

El esfuerzo sabio nos invita a ser conscientes del delicado equilibrio que tenemos que alcanzar entre la inacción y el sobreesfuerzo. Por supuesto, el esfuerzo sabio no implica desconectarnos ni terminar creyendo que da igual hacer algo o no hacerlo. Cada proceso tiene su ritmo y aunque no podemos forzar los procesos, tenemos que estar atentos a reconocer nuestro grado de influencia y responsabilidad, y actuar desde ahí. Es valioso hacer nuestra parte, pero no forzar más de la cuenta. Aquí radica el delicado y difícil arte de realizar el esfuerzo justo.

El esfuerzo sabio nos invita a reconocer la posibilidad de actuar desde un estado de mayor equilibrio, manteniéndonos conectados con la intención sabia y a la vez manteniéndonos abiertos y, sobre todo, no forzando las situaciones. En la tradición budista en ocasiones se utiliza la metáfora de la cuerda de la lira para ilustrar la relevancia del esfuerzo justo. La cuerda no suena si está muy tensa, y corre el riesgo de romperse, y en el otro extremo, si la cuerda está excesivamente suelta tampoco suena. Afinar una cuerda no es otra cosa que buscar la tensión justa para que suene con el tono apropiado, lo cual, a su vez, puede generar una resonancia armónica en otras cuerdas.

Resulta interesante indagar en el tono y esfuerzo que ponemos en nuestras acciones, ya que podemos tener una tendencia a irnos hacia alguno de los extremos tensando demasiado o soltado anticipadamente. Nuestra tarea ha de ser «afinarnos a nosotros mismos y desde esta afinación ir resonando con quienes están a nuestro alrededor».

Un ejemplo material y observable del esfuerzo sabio lo presentan los frenos hidráulicos que tienen algunas puertas. Habitualmente se ubican en la parte superior de la bisagra. Estos frenos hidráulicos ayudan a que las puertas no se cierren bruscamente y cuando empujamos con fuerza el freno hace una contrafuerza y se frena aún más. La puerta necesita un mínimo impulso para comenzar a cerrarse, pero solo el impulso justo y luego todo es cuestión de esperar que haga su labor. No podemos forzar el proceso de cerrar la puerta, y cuando lo hacemos paradójicamente se vuelve más lento. Del mismo modo ocurre con muchas de nuestras acciones: el ímpetu excesivo puede interferir en que las cosas se den de una manera fluida.

Aun cuando el esfuerzo sabio apela a cómo nos relacionamos con los demás y con el mundo, en la propia experiencia podemos reconocer el esfuerzo sabio, por ejemplo, cuando tomamos consciencia de nuestro cuerpo, observando donde se acumulan tensiones en él. ¿Notas cuando el cuerpo está tenso? ¿Es una tensión necesaria o innecesaria? ¿La tensión o dolor está relacionado con un esfuerzo que genera desgaste y que tantas veces resulta improductivo?

Por mucho que apretemos los dientes o tensemos los hombros, eso no va a contribuir a mejorar una situación particular, sino que, al contrario, muchas veces la empeora. Desarrollar úlceras nunca ha sido un efecto beneficioso para nadie ni ha mejorado la situación que las causó, es más bien soltar la tensión que no ayuda a resolver la situación lo que contribuye a que la experiencia se vaya desplegando de un modo armonioso. La desconexión, desidia o indiferencia están relacionadas con la falta de reconocimiento de nuestro papel en lo que ocurre a nuestro alrededor, y el esfuerzo exagerado nace de una visión parcial centrada en el control. Entre esos dos extremos necesitamos buscar un equilibrio.

El esfuerzo sabio implica desarrollar una visión amplia de la situación y particularmente de prestar atención a lo que está ocurriendo en el momento presente, aquí radica la importancia del séptimo aspecto del noble óctuple sendero, la atención sabia.

2. La atención sabia o mindfulness sabio (Sati)

Aun cuando ya tratamos la importancia de mindfulness al iniciar el libro, vale la pena detenernos en su aporte particular como uno de los ocho aspectos del noble óctuple sendero.

Mindfulness es la capacidad que tenemos de sostener un objeto elegido en nuestra mente y de recordar prestar atención a lo que queremos prestar atención cuando nos hemos distraído. Practicar mindfulness es la capacidad de estar presentes en lo que estamos realizando y traernos de vuelta amable y efectivamente cuando nos distanciamos de la experiencia. El *apellido* «sabio», en el contexto del óctuple sendero, implica que desarrollamos un tipo de mindfulness que está orientado a potenciar el bienestar en uno mismo y en los demás en vez de generar sufrimiento. Las personas podemos aumentar nuestro sufrimiento y el de los demás con una atención focalizada y plena. Por ejemplo, un francotirador necesita estar plenamente atento a lo que está haciendo y traerse de vuelta cuando se distrae. Otra persona podría generar sufrimiento prestando atención plena a todo lo que es criticable en ella misma y en los demás. En este sentido, al ver mindfulness como un factor mental, vemos que es éticamente neutro y solo se vuelve parte del camino de despertar si es un mindfulness dirigido por una motivación sabia.

A veces creemos que practicar mindfulness es sinónimo de aprender una técnica, que se trata de hacer una práctica para alcanzar lo más rápido y eficientemente determinados resultados, como reducir el estrés y disminuir la ansiedad. Al hacer esto estamos transformando esta práctica en un mero instrumento para conseguir otra cosa y también estamos considerando mindfulness como un aspecto aislado y descontextualizado de una propuesta que, como vemos, es mucho más amplia y rica.

Tal como lo vemos al considerar el contexto del noble óctuple sendero, mindfulness es una parte del mismo, y aun cuando tiene una ineludible dimensión práctica, esto no es equivalente a decir que sea instrumental. Mindfulness es una forma de ser y estar en el mundo con otros, un modo de estar atentos y despiertos a nuestra experiencia directa e inmediata que implica estar presentes y despiertos a la vida que estamos viviendo, en este mundo y junto a otros compañeros de viaje.

Mindfulness es un modo hábil de escuchar y validar nuestra experiencia, y esto no es sinónimo de estar ensimismado, es más bien estar en una disposición de apertura y atención al campo unificado de nuestra experiencia, con todo lo que incluye, lo que sentimos, lo que pensamos y también atentos a nuestro entorno, a los demás, a la naturaleza circundante.

El estar plenamente consciente trae de la mano ejercitar nuestra capacidad de concentración. La vida pasa muy rápido y más aún cuando no hay foco, si tenemos una mente que salta rápidamente de un aspecto a otro y no se detiene, no tendremos la oportunidad de profundizar. En un ejemplo sencillo, si cada vez que salimos de casa salimos rápido y no prestamos atención a la fotografía que tenemos colgada al lado de la puerta, simplemente no la vemos. En cambio, si estamos caminando con atención podemos detenernos y observar. La experiencia de mirar de reojo una fotografía es casi como no verla, y es una experiencia muy diferente a detenernos y observar con atención plena, reconociendo su presencia y sus detalles. Del mismo modo, practicar la concentración puede cambiar nuestra experiencia.

3. La concentración sabia (Samadhi)

El octavo y último aspecto del noble óctuple sendero hace referencia a la práctica disciplinada e intencional de la meditación y la concentración que ponemos en práctica cuando meditamos.

La concentración sabia se diferencia del mindfulness en cuanto la concentración es más específica, apela a la práctica de meditar, mientras que mindfulness alude al cultivo de la presencia, a recordar lo que estamos haciendo y desarrollar la atención en todo momento, incluyendo los momentos de meditación, pero no solo estos. Con la concentración sabia ponemos el foco en cultivar sistemáticamente la meditación, entendiéndola como la acción de recoger y redireccionar vez tras vez nuestra conciencia y volverla al objeto de práctica que hemos elegido (la respiración, las sensaciones corporales, una frase, una imagen de un Buda, etc).

Una tradición que ha cultivado con rigurosidad la práctica concentrativa es la tradición zen, en la cual se pone un gran énfasis en el entrenamiento sistemático de la atención al momento presente. La práctica de zazen o meditación sentada es un contexto especialmente diseñado para detenernos y desarrollar nuestra concentración. La práctica implica estar cuarenta minutos sentados de cara al muro, lo cual facilita no distraernos. Consiste en mantener la quietud y la concentración y volver al momento presente cada vez que nos distraemos. Podemos utilizar la respiración o el cuerpo como anclas de nuestra atención, pero lo relevante es la práctica misma de focalización, de recogimiento de nuestra atención desde su actitud errante y distraída y volverla al instante presente. No se trata de pensar o de no pensar, sino de darnos cuenta de que pensamos y de hacia dónde se va la atención y volver dicha atención al momento presente.

Como ya vimos cuando hablamos de mindfulness, aunque la práctica de la meditación pueda parecer sencilla y clara, realizarla puede resultar desafiante. En esta práctica concentrativa se ponen en juego otros elementos del óctuple sendero, como mindfulness sabio, el esfuerzo sabio, la intención sabia, etc. En realidad, los ocho aspectos del noble óctuple sendero están íntimamente relacionados entre sí, no están presentados en un orden jerárquico o de importancia, se apoyan unos en otros. Por ejemplo, la visión sabia facilita la conducta sabia. Sin la visión, ¿cómo podríamos saber qué es y qué no es adecuado hacer en un determinado momento?

A la vez, el entrenamiento de la presencia plena y la concentración nutren la visión y la conducta sabia.

Necesitamos tener una visión integral e interdependiente del noble óctuple sendero, el cual conforma un camino práctico de desarrollo humano. En este sendero que incluye los tres aspectos de la sabiduría, la ética y el entrenamiento mental, se inserta la práctica de las cuatro moradas sublimes, las cuales contribuyen a cultivar actitudes que son especialmente valiosas y constructivas para cultivar nuestro bienestar y aportar al de los demás.

Antes de comenzar a explorar en profundidad cada una de las cuatro moradas sublimes, te queremos proponer finalizar este capítulo y la primera parte del libro con una práctica que además es una metáfora que ilustra precisamente el recorrer un camino compartido.

PRÁCTICA 4: Caminando juntos con presencia plena

El propósito del noble óctuple sendero es ofrecernos un sendero amplio, que incluye momentos de movimiento y momentos de quietud, además de apertura al entorno, a los demás y al mundo que comenzamos a recorrer.

A continuación, quisiéramos invitarte a realizar la práctica de la presencia plena caminando.

Encontrarás las instrucciones completas de esta práctica en un audio que podrás oír y descargar en la web de Editorial Sirio. Para acceder a este archivo debes entrar en www.editorialsirio.com, seleccionar la ficha de este libro escribiendo el título en la barra de búsqueda y, una vez ahí, verás los audios en la sección de «Audios relacionados».*

---

* N. del E.: En caso de incidencia puedes escribir a sirio@editorialsirio.com

Como ya vimos, la presencia plena no se circunscribe a realizar la meditación sentada, se puede practicar en diversas circunstancias, estando sentados, acostados o caminando, lo importante es la actitud y el proceso. El cómo hacemos lo que hacemos es primordial, y en este sentido, el mismo caminar conscientes es una forma de encarnar nuestra práctica.

Muchas veces en el día nos desplazamos de un lugar a otro, como un medio para llegar a algún sitio, sin embargo, podemos también hacerlo sin estar preocupados con llegar al destino, disfrutando del caminar. No obstante, e incluso si tenemos alguna meta, tenemos la posibilidad de elegir caminar de un modo particular, conscientemente, prestando atención al proceso mismo, estando presentes en el movimiento del cuerpo, acompañando la inhalación y la exhalación con nuestros pasos, y cuando nos distraemos podemos elegir retornar la conciencia a lo que está ocurriendo.

Thich Nhat Hanh señalaba que cuando damos un paso de manera consciente, este paso es un beso a la tierra y cuando levantamos el pie de la tierra surge ahí un loto. Meditar caminando puede transformarse en una práctica de contemplación cotidiana especialmente reconfortante (Nhat Hanh, 2000).

A continuación, compartimos algunos puntos significativos que tener en consideración para realizar esta práctica, sin embargo, una vez leídos, puedes elegir detener la lectura y darte un tiempo para llevarla a cabo de manera libre.

- Para poder realizar esta práctica en primer lugar nos disponemos a dedicar un tiempo para ella, podemos elegir un trayecto o una parte del trayecto, en el cual comenzamos a prestar atención.
- Puede ser valioso comenzar observando nuestra respiración, para luego, lentamente, comenzar a caminar, sincronizando los pasos que damos con el ritmo de nuestra respiración.

- Cuando inhalamos levantamos un pie y mientras exhalamos depositamos la planta del pie en el piso con atención, sintiendo el peso del cuerpo al apoyarla. Observamos el cambio del centro de gravedad de nuestro cuerpo.

- Al principio podemos realizar esta práctica de un modo lento, llevando la atención a la planta de los pies y al movimiento del cuerpo, pero también permitimos que los pasos y el ritmo se vayan volviendo naturales.

- Mientras caminamos podemos incluir la atención al resto del cuerpo, a las manos, a la cabeza y a todo el cuerpo en movimiento.

- Podemos aprovechar para practicar nuestra media sonrisa y recordar no sobreesforzarnos, vamos relajando las tensiones innecesarias que notemos en nuestro cuerpo. Puede ser útil recordar que es imposible hacer mal esta práctica.

- Mientras caminamos es valioso incluir la atención a nuestros sentidos. Podemos prestar atención a los sonidos y al silencio que vaya emergiendo, reconocemos los aromas si los hubiera y, en nuestro campo visual, podemos contemplar la diversidad y riqueza de colores y formas que nos rodean.

- Cuando quieras, puedes elegir hacer una pausa para contemplar aquello que llame tu atención, por ejemplo, puedes detenerte a observar un árbol, una planta, una flor, date permiso para saborear lo que te llame y estar ahí unos momentos plenamente presente, para luego continuar la caminata.

- Si nos distraemos y nos perdemos en nuestros pensamientos, no pasa nada, simplemente tomamos conciencia de que esto ocurre y retornamos con amabilidad al momento presente, volviendo a nuestro cuerpo, a nuestra respiración y a contemplar nuestro entorno.

- Si tenemos la oportunidad, podemos reconocer el modo de caminar de los demás, no para compararnos, sino para identificar cómo el caminar afecta el modo en que habitamos nuestras vidas.

- La práctica de caminar conscientemente es una manera encarnada de llevar la práctica de la presencia plena a nuestra vida cotidiana, haciéndolo de un modo amable, corporeizado y contextualizado.

Después de haber visitado algunas principales enseñanzas básicas de la filosofía y la psicología budista, tenemos ya el contexto necesario para profundizar en la enseñanza de los cuatro inconmensurables estados de la mente.

ENTRANDO EN CONTACTO CON LOS CUATRO INCONMENSURABLES

Los cuatro estados inconmensurables de la mente también son conocidos como las cuatro moradas sublimes y nos gustaría resaltar el carácter de *morada*, que quiere decir que son estados donde nuestra mente y nuestro cuerpo puede morar o habitar, un lugar donde podemos sentirnos cómodos y descansar. La enseñanza de los cuatro inconmensurables es una invitación a volver a sentirnos en casa.

Estos estados tienen la capacidad de crecer y crecer sin límites y, además, están disponibles para todas las personas que quieran practicarlos. Habitar estas cuatro moradas tiene el potencial de transformarnos a nosotros y a quienes nos rodean.

Revisaremos en detalle cada uno de estos cuatro estados en la segunda parte del libro.

Los cuatro estados inconmensurables de la mente

Capítulo 4 | La ecuanimidad

La primera morada que revisaremos será la de la ecuanimidad. Probablemente la ecuanimidad no sea un estado que a primera vista nos parezca interesante o atractivo (difícilmente se llenará un auditorio con una charla sobre la ecuanimidad). A primera vista puede parecernos aburrida y poco atractiva, sin embargo, esto no merma en lo más mínimo su importancia en su aporte al bienestar. Veamos de qué se trata.

Una madre acoge a su hijo que llora, una hermana consuela al hermano que ha sufrido una decepción amorosa, buscamos mantenernos serenos cuando recibimos una mala noticia, y apoyamos a nuestro amigo cuando es él quien la recibe. Estos ejemplos y muchos otros que podemos reconocer en nuestra vida cotidiana reflejan cuando se genera una mayor espaciosidad y apertura que puede contenernos y contener a otros, y desde este espacio podemos acoger e ir generando serenidad. Sin mayores estruendos, sin fanfarrias, sin momentos extraordinarios, continuamente estamos poniendo en práctica la ecuanimidad, aunque no lo sepamos o no usemos esta palabra.

La ecuanimidad parece invitarnos a mantenernos serenos ante la impermanencia y las circunstancias presentes que no siempre son fáciles de sobrellevar. Mantener la calma y la claridad en momentos de dificultad puede resultar un enorme reto; es un gesto de coraje el sostenernos a nosotros mismos cuando todo parece derrumbarse a nuestro alrededor.

La ecuanimidad está estrechamente ligada a la capacidad que tenemos de tomar perspectiva y, desde una mirada ampliada, poder ofrecer una respuesta menos reactiva y más sabia. La ecuanimidad nos ayuda a reconocer el contexto más amplio desde donde nuestra experiencia ocurre, y nos ayuda a darle sentido y claridad.

Podríamos decir que la ecuanimidad es justamente lo contrario a «ahogarnos en un vaso de agua». ¿Conoces la sensación de ahogarte en un vaso de agua? Sentimos que «nos ahogamos» cuando las circunstancias parecen salirse de control y superar nuestros recursos para afrontarlas, incluso si se trata de situaciones cotidianas y simples, como cuando se estropea un artefacto eléctrico, o cuando se quema la comida, o cuando estamos apurados en medio del tráfico que no avanza. Estas experiencias tienen el potencial de transformarse internamente en verdaderas catástrofes si no consideramos un contexto más amplio.

La perspectiva amplia que podemos cultivar con la ecuanimidad puede incluir la dimensión temporal. Por ejemplo: si nuestro hijo tiene gripe, puede que nos angustiemos y ciertamente es algo importante que requiere de nuestra atención, pero mirado en perspectiva, ¿qué importancia tendrá esta gripe en dos, cinco o veinte años más? ¿Cómo afectará su vida? Mirado con perspectiva, algunas de las situaciones que nos generan ansiedad se pueden volver más llevaderas.

También nuestra percepción del contexto juega un rol relevante, ya que lo que nos ocurre siempre tiene un contexto que le da sentido y muchas veces, desde una perspectiva estrecha, perdemos de vista ese contexto. Por ejemplo, podemos observar nuestra ansiedad o estrés con o sin contexto. Cuando vivimos nuestra ansiedad sin contexto, la vivimos como un fenómeno individual y que nos aísla del resto, podemos creer que hay algo malo en nosotros por tener esta ansiedad. Hacemos una atribución personal que puede intensificar la experiencia volviéndola más difícil, y podemos concluir que se trata de una falta de capacidad personal o una falla en quien soy. Sin embargo, esta mirada no reconoce el contexto en el cual surge ese estrés o la ansiedad.

El estrés y la ansiedad no son fenómenos intrínsecos ni puramente individuales, nos sentimos estresados en un contexto particular. Podemos estresarnos porque aumentaron la carga de trabajo y las responsabilidades o porque tenemos dificultades con nuestra pareja e hijos, y podemos sumar los estresores macro, tales como una pandemia, una guerra o crisis económicas. Desarrollar una mirada amplia nos permite ver el fenómeno con perspectiva, evitar saltar a conclusiones apresuradas y atribuciones personales, y poder entender la situación en el contexto de la complejidad multicausal, siendo que el contexto juega un rol crucial. De ahí la importancia de desarrollar una comprensión sistémica de las causas genuinas y más profundas del malestar, para luego implementar acciones que sean de ayuda.

Un ejemplo ilustrativo de la relevancia del contexto lo reflejan los estudios del psicólogo Bruce Alexander y su equipo (Alexander et al., 1978; Alexander et al., 1982; Alexander et al., 1985), quienes a fines de los años setenta e inicio de los años ochenta estudiaron las conductas adictivas de las ratas. En estos estudios observaron que cuando una rata estaba en el contexto de su jaula, la adicción a la morfina se daba en todos los casos, mientras que si el contexto cambiaba la rata se comportaba de un modo diferente. Si en vez de en la jaula estaba en un «parque de diversiones para ratas», es decir, en un lugar amplio, donde tuviera disponible comida y agua sin límites, donde tuviera laberintos que recorrer, pelotas de colores con las que jugar, y sobre todo, donde pudiera interactuar con otras ratas, en este nuevo contexto la adicción prácticamente no se generaba. Esto condujo a los investigadores a cuestionar la tesis del gatillante como un factor crítico para explicar la adicción y reveló la importancia del contexto más amplio y su influencia en la conducta, desarrollando una explicación alternativa de la adicción como una estrategia de adaptación al sufrimiento.

Tendemos a mirar a las personas como poseedoras de cualidades y atributos intrínsecos, independientes y separados de su contexto. Podemos creer que una persona *es* tímida, irascible o depresiva, decimos que siempre fue así, sin embargo, si observamos con detenimiento reconocemos que las cualidades y atributos son más bien emergentes y contextuales. Por ejemplo, para algunas personas la timidez surge en determinados ámbitos, quizá en el trabajo, pero no del mismo modo en el hogar. Para comprender a las personas tenemos que hacerlo considerando sus circunstancias particulares pues nadie vive en una abstracción. Nuestras vidas van cambiando momento a momento y entender el contexto es primordial para comprender con mayor ecuanimidad a los demás y a nosotros mismos.

Etimológicamente la palabra ecuanimidad es la traducción de los términos *upeksha* en sánscrito y *upekkha* en pali. Upe deriva de la palabra *upa* que quiere decir 'arriba', mientras que la palabra *kesh* significa 'mirar'. La ecuanimidad es la capacidad de mirar con perspectiva y mayor visión, es una morada que podemos habitar y desde donde podemos aprender a contemplar nuestra propia experiencia con una mayor sabiduría.

Podemos reconocer al menos tres dimensiones de la ecuanimidad: la primera es la dimensión de la no discriminación, la segunda dimensión se refiere a la ecuanimidad como serenidad y la tercera apunta a la ecuanimidad como una experiencia de espaciosidad y libertad.

ECUANIMIDAD COMO NO DISCRIMINACIÓN

La ecuanimidad es una morada que nos permite ir reduciendo la influencia de los sesgos en la manera en que vemos a lo demás y a nosotros mismos, equilibrando nuestra perspectiva. Los sesgos que tenemos los seres humanos se encuentran bastante anclados incluso a nivel biológico. Por ejemplo, la glándula pituitaria secreta oxitocina, una neurohormona que nos hace sentir más cercanos y prosociales hacia quienes son parte de nuestra familia y a quienes se parecen a nosotros, sin embargo, esto no se extiende hacia quienes están fuera de nuestro grupo (el exogrupo).

Privilegiar a nuestro grupo inmediato tiene sentido desde la lógica de la supervivencia en contexto tribal, sin embargo, hoy nos encontramos con desafíos globales en un mundo completamente interdependiente, en el cual la mente tribal puede generar grandes estragos, como hemos visto recientemente en la invasión rusa en Ucrania. Desgraciadamente, nuestro sistema nervioso no ha evolucionado con la misma rapidez con la que ha cambiado el mundo, y estamos enfrentando desafíos globales con un cerebro tribal. Creemos que resulta urgente pasar desde una perspectiva tribal a una global y de interdependencia si queremos salir de las crisis sistémicas que enfrentamos como especie. Por suerte, los seres humanos tenemos la capacidad de ampliar el círculo de nuestra empatía y nuestra compasión hasta incluir no solo a todos los humanos, sino a todos los seres. La metodología de esa expansión ha sido uno de los grandes legados de las tradiciones contemplativas a la humanidad. Los seres humanos podemos practicar expandir el amor tribal hacia un amor universal.

El eslogan «America First» (Estados Unidos Primero), popularizado por Trump, es un ejemplo de la mentalidad tribal y sesgada que niega la interdependencia. Esta mirada está obsesionada por levantar muros y por proyectar el mal sobre el otro (otro color de piel, otra religión, otras nacionalidades). Esta postura, que al ser violenta aparenta ser fuerte, en realidad esconde una gran fragilidad y miedo detrás de su agresividad. Es más fuerte la posición del amor y la ecuanimidad, ya que está alineada con la realidad de la interdependencia y la común humanidad.

La ecuanimidad implica tomar perspectiva de nosotros mismos, de nuestras percepciones, pensamientos y emociones, viéndolos como aspectos de nuestra experiencia, pero no como *la verdad*. Una vez en una entrevista televisiva, el futbolista chileno Carlos Caszely dijo: «No tengo por qué estar de acuerdo con lo que pienso». Aunque la frase fue objeto de burla y se entendió como un lapsus del jugador, creemos que hay bastante sabiduría en poder tomar perspectiva de lo que pensamos y poder mirar otros puntos de vista distintos a los propios como potencialmente válidos.

También podemos traer la sabiduría no discriminativa hacia nuestras emociones, reconociéndolas como una parte valiosa de nuestro repertorio biopsicológico, reconociendo que hasta las emociones más incómodas cumplen alguna función importante al permitirnos responder a los desafíos de la vida (Cullen & Brito Pons, 2016). Gracias a la ecuanimidad podemos ser conscientes de que las emociones son transitorias y que, aunque algunas pueden ser muy intensas, también son fenómenos transitorios. Con algo de práctica, podemos aprender a escuchar y comprender la sabiduría de la emoción, la cual usualmente está apuntando a alguna necesidad insatisfecha, para poder tomar acciones congruentes y orientadas a cuidar esa necesidad. Esto implica sentir la emoción sin sobreidentificarnos con ella, tomando perspectiva para no quedarnos atrapados en bucles que perpetúan innecesariamente una emoción.

Cultivar la no discriminación implica mirar desde la inclusividad, incorporando a todas y todos. ¿Por qué?, porque si miramos más allá de los prejuicios y los sesgos que tienden a separarnos, aparecen las otras personas, y podemos reconocer que es mucho lo que compartimos, somos parte de la familia humana y esto nos hace tener un trayecto y un destino compartido. Las diferencias pueden enriquecer profundamente nuestras vidas, el problema es cuando las diferencias se utilizan para dividirnos. La ecuanimidad nos permite reconocer que somos semejantes, tenemos una humanidad compartida, emerge así una natural dignidad, en palabras de Antonio Machado sentimos que «nadie es más que nadie» (Machado, 1999).

Al mismo tiempo que reconocemos que tenemos una base común, podemos ser conscientes de que cada uno es único e irrepetible, ya que en este planeta hay más de ocho mil millones de personas y ninguna es idéntica a otra. La ecuanimidad nos permite abordar esta aparente paradoja desde una perspectiva amplia. Tal como lo expresa el Dalái Lama con sabiduría y un poco de humor: «Es verdad que somos el centro del universo, al igual que todos los demás seres» (Lama, 2002).

En ocasiones, a partir de nuestra sensación de vulnerabilidad levantamos barreras para protegernos por miedo a ser inadecuados o por el temor a no ser reconocidos ni vistos por los demás. Sin embargo, y por paradójico que parezca, la vulnerabilidad tiene el potencial de conectarnos ya que esta vulnerabilidad nos vuelve semejantes (Nussbaum, 2001).

Tener una visión de mundo y una conducta basada en la discriminación es una enorme fuente de sufrimiento. Al discriminar rechazo y no acepto a los demás, y a ninguno de nosotros nos gusta no sentirnos aceptados, ¿verdad? La discriminación puede llevarnos a sentir miedo y vergüenza, generando las condiciones para que surja la frustración, la cual puede conducir a la violencia. Al reducir nuestros prejuicios y la discriminación no solo reducimos el sufrimiento personal, también el de quienes nos rodean.

ECUANIMIDAD COMO SERENIDAD Y CALMA

Una segunda cualidad de la ecuanimidad es la de generar serenidad y calma, las cuales no se basan en la creencia de que todo permanecerá estable o bajo control, sino más bien en la conciencia de que no podemos ni tenemos que controlarlo todo. Solo podemos hacer nuestra contribución desde nuestra mejor intención y luego soltar el resultado.

Es posible reconocer un estado de serenidad que emerge del vacío, de ir soltando las certezas y de confiar en la vida. Cuando estamos participando de un retiro de meditación, en la medida que reconocemos que hay un contexto donde todo ya está organizado, podemos ir soltando el control y dejándonos sostener por la práctica personal y compartida. Cuando comenzamos a soltar el control nos vamos sintiendo más libres y ligeros, va apareciendo un estado de serenidad e incluso puede ir apareciendo una alegría que no está asociada a conseguir o controlar, sino que emerge al contemplar que estamos vivos y despiertos. Sabemos que puede parecer difícil de transmitir, pero ¿has visto las sonrisas de quienes concluyen un retiro o de quienes han estado años practicando? Seguro que su alegría no brota de tener propiedades o dinero que les generen seguridad, estas sonrisas emergen de conectar con una confianza básica y de una gratitud ante el estar vivos y despiertos.

Si nos detenemos a verlo, podemos ser conscientes de que existen innumerables factores que nos están sosteniendo a cada instante. Por ejemplo, los órganos de nuestro cuerpo están funcionando desde el día que nacimos y lo hacen más allá de nuestra voluntad. Estamos respirando, o más bien, estamos siendo respirados por nuestra respiración, y ni hablar de las condiciones ambientales gracias a las cuales vivimos. Podemos habitar nuestras vidas con relativa serenidad y calma, no porque esté todo bajo control, sino por constatar el trasfondo de todo lo que nos está sosteniendo.

Todo cambia rápidamente y tenemos poco control sobre las cosas, pero contamos con la posibilidad de descansar al soltar el control. Esta ecuanimidad del gesto de soltar genera un estado particular de serenidad. Podemos soltar y confiar, actitudes no siempre fáciles de cultivar en lo cotidiano. El maestro Jack Kornfield sugería sabiamente: «¡Mantengamos la calma... todo está fuera de nuestro control!» (Kornfield, 1997).

Que todo cambie y que existan innumerables factores que nos están sosteniendo y que están fuera de nuestro control constituye una continua invitación a dejar ir, nos invita a quitar de nuestros hombros el peso de lo que no podemos cargar. Ciertamente estamos llamados a contribuir ya que formamos parte de la trama de la vida, pero también es importante saber soltar la tendencia a sobrecargarnos de un sentido de responsabilidad que nos neurotiza y nos agota. El mismo Jack Kornfield refleja este punto cuando señala:

> Nadie tiene el poder de salvar al mundo entero, pero sí tienes el poder de hacer tu contribución, con un corazón amoroso y pacífico. Puedes atender a esa porción del mundo con la que estás en contacto, añadirle un poco de belleza y comprensión. Y manteniéndote en paz y ecuánime, muestras a los demás que ellos también pueden hacer lo mismo (Kornfield, 2013, p. 79).

Paradójicamente, la excesiva preocupación por controlar nos drena la energía y el tiempo que podríamos utilizar constructivamente en aquello que sí podemos hacer para contribuir al cambio que queremos ver en el mundo. En otras palabras, restando tiempo y energía a las preocupaciones tenemos más tiempo y energía disponible para ocuparnos de lo que está a nuestro alcance.

Una de las metáforas que refleja el estado de ecuanimidad como serenidad es la metáfora del cielo y las nubes. Las nubes representan los contenidos de nuestra experiencia, entre ellos nuestros pensamientos y emociones y todas las experiencias transitorias de la vida. Además de las nubes somos conscientes de que hay un cielo espacioso en el trasfondo, un espacio que está en quietud y que permite que toda nuestra experiencia ocurra. Cada día tiene su propio «clima emocional», hay días nublados, otros lluviosos, otros despejados, sin embargo, detrás de los continuos cambios de clima sabemos que existe un amplio y espacioso cielo que lo sostiene todo. Justamente esta metáfora nos conecta con la tercera y última connotación de ecuanimidad, la ecuanimidad como espaciosidad y libertad.

ECUANIMIDAD COMO ESPACIOSIDAD Y LIBERTAD

La ecuanimidad tiene el potencial de ampliar nuestras perspectivas, de brindarnos espaciosidad y libertad. Como seres humanos podemos reconocer un espacio de indeterminación, es decir, que por más complejas y alienantes que sean nuestras circunstancias, incluso ahí podemos elegir qué actitud adoptar ante lo que nos ocurre. Los demás y nosotros mismos somos posibilidad, es decir, tenemos la capacidad de elegir e ir modificando nuestra trayectoria vital. Jean Paul Sartre (1999) lo expresó cuando señaló que los seres humanos «estamos condenados a ser libres».

A primera vista, este aspecto de la ecuanimidad puede parecer contradictorio respecto a lo señalado con la idea de soltar el control y dejarnos sostener que explorábamos en el apartado anterior. Sin embargo, se trata solo de una aparente contradicción, ya que ambas dimensiones se vuelven complementarias en la praxis del vivir: soltar y aceptar lo que no está en nuestras manos cambiar y ejercer nuestra libertad y autodeterminación donde podemos hacerlo. Y creemos que siempre hay un espacio de libertad disponible incluso en las circunstancias más apremiantes.

Victor Frankl, psiquiatra y escritor vienés, lúcidamente decía que la libertad humana se pone a prueba antes de actuar, justo en el espacio que se da entre el estímulo y la respuesta (Frankl, 2008). Los seres humanos no estamos determinados por nuestros instintos e impulsos, sino que tenemos la posibilidad de elegir nuestra respuesta a cualquier situación, y en esa elección se juega nuestra libertad.

La ecuanimidad permite darnos a nosotros mismos y a los demás el espacio de libertad que necesitamos porque, tal como señala Thich Nhat Hanh, para que los demás sean felices y florezcan necesitan sentirse libres y tener espacio para florecer (Nhat Hanh, 2007). En realidad, no podemos ser felices si no podemos expresar nuestro ser, independientemente de las circunstancias y determinantes internos y externos. Seguramente todos podemos reconocer lo que nos ocurre cuando nos sentimos obligados a hacer algo. Nuestra mente y nuestro cuerpo se rebelan, no queremos hacerlo y actuamos de mala gana o simplemente claudicamos.

La libertad se juega también en nuestra relación con los demás y se traduce en querer a los otros sin un afán de control. Nadie florece si está lleno de restricciones, mandatos y reglamentos. Todo lo vivo necesita espacio para crecer y desarrollarse. Sostener las contradicciones de los demás y de nosotros mismos y mantenernos en equilibrio es un enorme y bello desafío para cada uno de nosotros. Amar para sostener la complejidad que somos y que son los demás. Podemos ser ecuánimes ante el hecho de no ser perfectos, reconociendo que podemos equivocarnos y aun así mantenernos serenos.

En la tradición budista se describe que los cuatro inconmensurables de la mente tienen enemigos lejanos y enemigos cercanos. Los enemigos lejanos son relativamente fáciles de reconocer, ya que son estados antagónicos, en cambio, el enemigo cercano es más sutil y puede confundirse con facilidad con el estado inconmensurable, ya que tiene algunas características que parecen similares, pero al mirarlo de cerca vemos que lleva al sufrimiento y no al bienestar.

En el caso de la ecuanimidad, el enemigo lejano consiste en estar atrapados por nuestros sesgos y apegos, en perder la perspectiva de la situación y responder influidos por nuestro punto de vista parcial y sesgado. Podríamos decir que la mirada enjuiciadora y sesgada que surge de la sobreidentificación es el enemigo lejano de la ecuanimidad. La sobreidentificación con una situación nos vuelve dogmáticos, poco flexibles y con escasa capacidad de escuchar y entender a los demás. Por ejemplo, cuando sentimos rabia en una discusión, nos cuesta escuchar y reconocer como razonable la perspectiva de la otra persona.

El enemigo cercano es más sutil, se trata de la indiferencia y la desconexión emocional. La indiferencia a primera vista puede parecerse a la ecuanimidad, pero mirándolo detenidamente vemos que son muy diferentes. Con la indiferencia se pierde el contacto y con él la calidez y el afecto que sí están presentes en la ecuanimidad. Aunque vistas desde lejos puedan verse parecidas, la frialdad de la indiferencia es muy diferente a la serenidad de la ecuanimidad. En la ecuanimidad continuamos conectados y presentes, miramos con perspectiva, mas no sobreidentificados, en cambio, en la indiferencia hay un distanciamiento radical.

La indiferencia es un modo de evadirnos de la experiencia, es una estrategia protectiva para defendernos de lo que es incómodo a través de la desconexión emocional. En la ecuanimidad, en cambio, mantenemos el contacto, miramos con perspectiva precisamente para poder comprender mejor lo que está ocurriendo.

Desde la perspectiva de los cuatro inconmensurables estados de la mente, la ecuanimidad se relaciona y apoya los otros tres estados que veremos más adelante:

- La ecuanimidad permite que el amor no se vuelva obsesivo o controlador.
- La ecuanimidad contribuye a que la compasión tenga perspectiva y no se transforme en lástima ni en contagio emocional.
- La ecuanimidad hace que la alegría no se transforme en manía.

Vemos entonces que la ecuanimidad tiene la capacidad de brindarle espacio y perspectiva al amor, a la compasión y a la alegría; la ecuanimidad las complementa, de modo que les da el espacio y contexto que les permite florecer.

Antes de concluir este capítulo, quisiéramos dejarte un fragmento del poema «Solo por hoy», donde aparece reflejada la toma de perspectiva, el soltar y también la libertad asociados a la ecuanimidad. El poema fue escrito por Claudio en uno de los retiros donde practicamos la ecuanimidad.

Solo por hoy, no ayudaré al sol para que se levante,
ni le daré una mano al piso para que me sostenga,
no necesitan de mi ayuda,
solo por hoy me dejaré sostener...
Dejarme sostener no es lo mismo que dejar todo botado
o vivir despreocupadamente.
Yo también formo parte de este orden, de esta danza.
Quizás mi aporte sea hoy no poner obstáculos y dejar que ocurra lo que tenga que
ocurrir, para luego agregar mi verso...
Solo por hoy, voy a soltar esta antigua melancolía, y le voy a responder con mi
media sonrisa, tan poderosa y simple.
Y no esperaré a que el universo me responda, le expresaré mi verso, con mi espalda
erguida y mi corazón abierto...
solo por hoy me dejaré sostener en esta amplia bondad,
más amplia que nosotros mismos,
y sostenidos por ella caminaremos juntos.

PRÁCTICA 5: Meditación sentada

Encontrarás las instrucciones completas de esta práctica en un audio que podrás oír y descargar en la web de Editorial Sirio. Para acceder a este archivo debes entrar en www.editorialsirio.com, seleccionar la ficha de este libro escribiendo el título en la barra de búsqueda y, una vez ahí, verás los audios en la sección de «Audios relacionados». *

El propósito de la siguiente práctica es observar nuestra experiencia, reconociendo cuando nuestra mente divague en pensamientos –lo que con seguridad ocurrirá varias veces– y al darnos cuenta de esto, permitiéndonos volver amablemente al momento presente. Puede ser valioso

---

* N. del E.: En caso de incidencia puedes escribir a sirio@editorialsirio.com

prestar atención al fluir de la respiración o a las sensaciones corporales, ya que esto puede anclarnos para volver a conectar con lo que está ocurriendo en el momento presente. Practicamos poco a poco permitirnos ser sostenidos por nuestro cuerpo y nuestra respiración.

Quizás la práctica por excelencia para cultivar la ecuanimidad sea la meditación sentada, donde contemplamos nuestra experiencia, tal como se está manifestando en el momento presente y le vamos abriendo un espacio no reactivo y no controlador.

La meditación sentada es una oportunidad privilegiada para dejar de hacer lo que sea que estemos haciendo y simplemente estar ahí. Nos dejamos sostener por el cojín o la silla en que nos encontremos, nos dejamos sostener por el silencio, por el aire y por el contexto que nos rodea, y así vamos desarrollando una observación cada vez más precisa y amable de nuestra experiencia.

Puede ser valioso no considerar la meditación sentada como una práctica complicada o que implique realizar un gran esfuerzo, por lo tanto, no vamos a llenarla de instrucciones, privilegiando mantener la simplicidad.

- Para comenzar, buscamos un lugar cómodo donde sentarnos. Puedes utilizar un cojín o una silla y te invitamos a adoptar una postura digna, es decir, manteniendo la espalda erguida, apoyándose sobre sí misma, con la cabeza derecha, el mentón levemente recogido y soltando los hombros. Es importante que sea una postura que te resulte cómoda y no forzada, en la cual puedas mantenerte en silencio durante algunos minutos.

- Puede ser de ayuda programar una alarma suave o un temporizador que nos indique el inicio y el término de la práctica, para no tener que preocuparnos por el tiempo. Para comenzar podemos elegir diez o quince minutos para practicar.

- La meditación sentada puede ser una oportunidad privilegiada para sentir la vida transcurriendo, y sentirnos vivos en ella. Podemos sentir o tocar la quietud, aunque sea por breves momentos, podemos sentir la espaciosidad del momento presente y también reconocer cómo nuestra mente va y viene, recordando que no se trata de no irnos del momento presente –cuestión inevitable por lo demás– sino más bien se trata de volver, una y otra vez, con amabilidad.

• Podemos concluir la práctica abriendo suavemente los ojos, conectando con lo que vemos y con los sonidos que escuchemos de nuestro entorno, y poco a poco podemos ir moviendo el cuerpo.

PRÁCTICA 6: Pensamientos recurrentes, emociones y pensamientos compasivos

El propósito de la siguiente práctica es indagar en nuestra experiencia sobre los pensamientos recurrentes y las emociones asociadas a ellos, desde la perspectiva de la ecuanimidad.

Teniendo en cuenta que la ecuanimidad implica tomar perspectiva, podemos aprovechar algunos momentos de nuestro día para realizar esta práctica, que es una invitación a observar los pensamientos recurrentes desde una perspectiva diferente.

El siguiente ejercicio consiste en seguir cuatro pasos. Puedes utilizar la hoja de registro que aparece al final del ejercicio, si te es de ayuda.

• En primer lugar, toma un bolígrafo y una hoja y haz una breve lista de cuáles son tus pensamientos recurrentes e influyentes. Algunos ejemplos de pensamientos recurrentes son: «No soy bueno cocinando», «Tengo que hacerme cargo de todo» o «Soy una persona tímida, no puedo hablar en público». Escribe cualquier pensamiento que sientas que te esté afectando en este momento.

• En segundo lugar, practicamos reconocer cuáles son las emociones que generan estos pensamientos, buscando ser lo más descriptivos que nos sea posible, por ejemplo, si nuestro pensamiento recurrente fuera: «No soy bueno cocinando», podemos identificar las emociones que este pensamiento nos genera, tales como: sentirnos frustrados o quizás resignados, o con una sensación de pesadez o aletargamiento al pensar en esto. Lo importante es ser honestos y descriptivos con las emociones que nos genera cada pensamiento recurrente.

- En un tercer paso, la invitación es considerar un pensamiento alternativo al que hemos puesto como recurrente, buscando con ello ampliar nuestra perspectiva. Reconociendo que los pensamientos no son realidades, sino más bien modos particulares de explicarnos la experiencia, podemos buscar ideas alternativas que sean al mismo tiempo opciones válidas. Siguiendo el ejemplo anterior, ante el pensamiento «No soy bueno cocinando», podría chequear en mi experiencia y ver si le encuentro sentido a algún pensamiento alternativo, como, por ejemplo: «no me gusta cocinar (en vez de «no soy bueno») y prefiero dedicar mi tiempo y energía a otras actividades, pero quizá podría en algún momento cocinar con gusto». Puedes aprovechar para ser consciente de cómo te vas sintiendo al escribir estos pensamientos alternativos. Podemos escribir más de un pensamiento alternativo si surge más de uno.

- Finalmente, en un cuarto momento, podemos darnos el tiempo para escribir cuáles son las emociones y sensaciones que acompañan a estos pensamientos alternativos, chequeando en nuestro cuerpo cómo resuenan. Siguiendo con el ejemplo, ante el pensamiento de que prefiero dedicar mi tiempo y energía a otras actividades, puede surgir una sensación de mayor libertad, una leve y creciente alegría de poder elegir qué hacer. Quizás surge también una emoción de mayor satisfacción y empoderamiento en vez de la frustración y pesadez que aparecía cuando nos decíamos que no somos buenos para cocinar.

La invitación no consiste en cambiar un pensamiento por otro, sino más bien en poder adoptar una perspectiva más amplia y ecuánime de nuestros pensamientos y las emociones asociadas.

Para sistematizar la práctica podemos utilizar la siguiente hoja de registro:

Hoja de registro de ejercicio de pensamientos recurrentes

Paso 1	Paso 2	Paso 3	Paso 4
¿Cuáles serían algunos de mis pensamientos recurrentes?	¿Cuáles son las emociones y sensaciones asociadas a los pensamientos recurrentes?	¿Cuáles podrían ser algunos pensamientos alternativos?	¿Cuáles son las emociones y sensaciones asociadas a los pensamientos alternativos?

La ecuanimidad es nuestra primera morada, y establece la base para el trabajo con las siguientes tres moradas: el amor, la alegría y la compasión. En el siguiente capítulo abordaremos la segunda morada con mayor detalle, nos detendremos en el amor.

Capítulo 5 | El amor

Sea tuyo el alimento de la tierra,
sea tuya la claridad de la luz,
sea tuyo el fluir del océano
sea tuya la protección de los antepasados.
Y así, que un lento viento
te envuelva en estas palabras de amor,
un manto invisible para velar por tu vida.

–John O'Donohue.

Si nos preguntamos con total sinceridad por aquello que da sentido a nuestra vida, probablemente nos encontremos con el hecho de que el amor ocupa un lugar central. Ya sea porque el amor está presente en nuestro corazón y notamos cuánto nos nutre, o bien porque estamos en un período de mayor aridez del corazón y sentimos el vacío que esto produce, en alguna parte profunda de nosotros sabemos que una vida sin amor es una vida menos viva, ya que el amor es la llave que abre el corazón humano al milagro relacional de la vida. Sin amor todo se seca y la vida se transforma en el árido tránsito de un punto a otro del guion escrito por nuestro ego autocentrado. Sin amor no nos arriesgamos a ser perturbados y transformados más allá de nuestras creencias limitantes y nos quedamos internamente aislados.

Quienes acompañan a otros a morir y desempeñan el sagrado rol de escuchar con atención plena las palabras y los silencios de quienes se encuentran ante el misterio de su propia muerte tienen un acceso privilegiado a los anhelos, bendiciones y arrepentimientos que surgen en este momento sensible de la vida. De acuerdo a los relatos de estos acompañantes, entre las cosas que a los moribundos les hubiese gustado hacer de modo diferente en su vida, no suele surgir el haber trabajado más, el haber ganado más dinero, haber pasado más tiempo en Instagram o haber ido a comer a más restaurantes con tres estrellas Michelin. Lo que emerge como más importante en ese momento es el amor, las relaciones con los seres queridos y la autenticidad. Las personas desean haber sido más auténticas, haberse permitido ser más felices, haber expresado sus sentimientos abiertamente, y haber nutrido y conservado sus relaciones significativas. Al final de la vida, muchas personas se hacen conscientes de que el amor es central (Ware, 2012).

Nuestra salud física y mental depende, al menos en parte, de no desconectarnos de nuestra capacidad de amar. Incluso cuando nos desconectamos de esta visión y nos olvidamos del amor, estas capacidades son recuperables mientras estemos vivos, ya que son inherentes y constitutivas de lo humano. No es posible secar el corazón humano hasta un punto del todo irrecuperable. Al menos en nuestra experiencia como terapeutas, como educadores y, sobre todo, como seres humanos, nos negamos a perder la fe en la resiliencia del ser humano, por atrapados que podamos sentirnos a veces.

Esta fe en la prevalencia del amor y la salud fundamental no surge del pensamiento mágico o de la tiranía de la positividad tóxica de la nueva industria de la felicidad, sino que es una fe basada en la experiencia de atestiguar una y otra vez el reverdecer del alma de tantas personas, de ver cómo emerge aquella parte que sabe amar en quienes se creían irremediablemente grises, muertos en vida. La poeta Mary Oliver invita a este reconocimiento del amor negado u olvidado en su poema Gansos Salvajes:

> *No tienes que ser buena.*
> *No tienes que caminar de rodillas*
> *cien kilómetros a través del desierto, en penitencia.*
> *Solo tienes que dejar que el animal suave de tu cuerpo*
> *ame lo que ama… (Mary Oliver, 1986)*

Los humanos podemos transitoriamente perder nuestra capacidad para el amor, caer en trances hipnóticos y ser poseídos individual o grupalmente por los arquetipos del *homo faber*, el *homo economicus*, el *homo technologicus* o el *homo bellicus*, sin embargo, nunca muere del todo la naturaleza intrínseca del *homo amans* en el corazón humano.

¿Por qué nos deprimimos cuando en nuestra vida falta el amor? En el mundo de los mamíferos la subsistencia depende del contacto y el cuidado de un otro que desde la infancia nos sostenga, alimente y nos refleje con amor la sensación de ser básicamente aceptados tal como somos. A la vez, los mamíferos sentimos placer al ofrecer esa mirada de amor a un otro, así nos cocreamos y sostenemos en reciprocidad. Dentro del universo mamífero, los primates, y más aún los seres humanos, tienen un cuerpo-mente que es profundamente relacional. El amor genera un vínculo relacional donde la calidez y la aceptación ofrecen el espacio seguro que todos anhelamos y en el cual tenemos la oportunidad de madurar y florecer.

El sistema nervioso humano, que incluye, pero trasciende, el cerebro, ha sido visto por décadas principalmente como un sistema de procesamiento de información (teoría computacional de la mente) o como un conjunto de conexiones que dan emergencia a la mente y al comportamiento (metáfora conexionista de la mente), sin embargo, desde perspectivas de vanguardia, como la perspectiva enactiva y relacional, la biología del conocer, la neurociencia social y el psicoanálisis relacional, se comprende que el sistema nervioso humano es un complejo sistema relacional en el cual la conexión con los otros es esencial.

Una de las funciones principales de nuestro cerebro consiste en comprender y generar señales de conexión segura, verbales y no verbales. De hecho, la comunicación socio-emocional no es algo simplemente *deseable* u *opcional* para los seres humanos: de esa comunicación depende nuestra supervivencia como individuos y como especie. Solo cuando nos sentimos amados, nuestro cuerpo y mente pueden sentirse lo suficientemente seguros para llegar a ser. La buena noticia es que siempre es posible aprender a cultivar ese amor, incluido el amor a uno mismo, incluso cuando en nuestra vida no ha sido fácil hacerlo.

¿QUÉ ENTENDEMOS POR «AMOR»?

Al hablar de este segundo inconmensurable puede ser útil clarificar qué entenderemos por amor, ya que es una palabra bastante cargada de múltiples significados y no todos sus significados apuntan al cultivo del bienestar personal y relacional. Por ejemplo, para muchas personas la palabra «amor» está directamente asociada al amor romántico y, aunque el amor de pareja es un tipo de amor muy importante para los seres humanos, ciertamente no es el único y a veces lo que se llama amor en ese contexto está más cercano al apego autocentrado que al genuino deseo de que el otro sea feliz. Por otra parte, hay personas que no tienen pareja y sin embargo tienen una gran capacidad de amar, la cual se manifiesta de muchas otras formas. Pensamos en el amor como un aspecto central de la vida, uno que no debe quedar circunscrito y reducido a una sola forma. Reducir la amplitud del amor al amor romántico o a otro tipo de amor particular sería como poner un precioso regalo en un envoltorio estrecho.

Usamos la palabra «amor» como traducción del término *metta* (pali), y *maitri* (sánscrito). En inglés, este inconmensurable se ha traducido regularmente como *loving kindness*[*] y, en español, muchas veces se ha traducido como 'bondad amorosa', 'amor bondadoso' o 'benevolencia'. En general, se ha preferido combinar las palabras amor y bondad para enfatizar el carácter fraternal y altruista de este amor y para diferenciar *metta* del amor romántico. Sin embargo, nuestra preferencia es conectar con la simpleza de la palabra *amor* y con lo que creemos que es su significado esencial: el amor es el aprecio y valoración genuina de quien es amado, unido al deseo de que pueda ser profunda y sustentablemente feliz y la motivación genuina de regar las semillas de felicidad en su vida.

Tenemos entonces dos aspectos centrales del amor. Por un lado, está el aprecio, alegría, goce y gratitud por la existencia de la persona amada. Complementariamente, esa cualidad emocional de aprecio y gratitud se ve acompañada de un componente intencional («ojalá que sea feliz») y un componente motivacional («quiero hacer lo que esté en mis manos para aportar a su felicidad»).

Visto así, el amor es parte de nuestra naturaleza y al mismo tiempo es algo entrenable. Por un lado, la apertura del corazón para brindarnos ternura es parte de nuestra naturaleza instintiva, es una cualidad natural e inherente en los seres humanos. Sin embargo, este amor natural e instintivo es una semilla que puede ser regada

---

[*] *Loving-Kindness* es también el nombre del importante libro de Sharon Salzberg (2002) sobre el tema.

conscientemente para que florezca y dé frutos más allá de los confines predeterminados por el instinto del amor de pareja y el amor por quienes son nuestros familiares.

El amor incluye a nuestros seres queridos, pero no se restringe a ellos, ya que tiene la capacidad de ampliarse. En este sentido, el amor es una cualidad que es posible cultivar a través de pequeños y grandes gestos cotidianos de nuestra mente, habla y cuerpo, que van despertando la fuente de ternura en nuestro interior en beneficio de todos los seres.

Como la estrategia del cultivo de los inconmensurables consiste en partir por lo pequeño y familiar para luego ir expandiendo el círculo, te proponemos el siguiente ejercicio para conectar experiencialmente con lo que acabamos de compartir.

PRÁCTICA 7: Amor por alguien cercano

Trae a tu mente el recuerdo de alguien que de manera natural evoque una sensación de cariño y ternura. Suele ser un buen lugar de partida el rostro de un bebé o niño/niña queridos, pero quizá pueda ser la imagen de tu gato o tu perro, o de tu pareja o un amigo o amiga. Tómate un momento para elegir. Una vez que ya lo hayas decidido, cierra los ojos y evoca su recuerdo, ya sea trayendo su imagen a tu mente como si estuviese a tu lado o bien recordando algún momento de conexión con él o con ella. Tómate un par de minutos (o más si lo deseas) con los ojos cerrados experimentando las sensaciones que surgen al evocar a este ser querido.

Al abrir los ojos, toma conciencia de lo que ha surgido en tu cuerpo y en tu mente al evocarlo. Ahora, contempla la siguiente pregunta a medida que conservas la presencia de tu ser querido en tu conciencia: «En el fondo de mi corazón, ¿qué deseo para él o para ella?». Puedes cerrar tus ojos nuevamente por un par de minutos, notando lo que surge como respuesta en tu mente, en tu cuerpo y en tu corazón.

Una vez terminado el ejercicio, escribe de qué te diste cuenta:

_____

_____

_____

_____

_____

_____

_____

Si has realizado el ejercicio anterior, es muy probable que notes que en ti surge una disposición constructiva y altruista hacia tu ser querido. Quizá incluso te den ganas de sonreírle, abrazarlo, darle cariño si está cerca o bien mandarle un mensaje o llamarlo por teléfono para conectar. Ese es uno de los grandes beneficios de la práctica del amor, nos inclina emocionalmente y conductualmente hacia ofrecer calidez a los otros.

Sin embargo, el beneficio de cultivar el amor no es solo para quien recibe tu energía amorosa, lo cual en sí mismo es importante, pues tu amor ayuda a brindar seguridad, conexión y bienestar relacional, alimentos fundamentales para cualquier ser vivo. El beneficio del cultivo del amor lo recibe también quien lo ofrece, ya que cuando la mente humana está orientada hacia el aprecio, la gratitud y el deseo de la felicidad de los seres, aquella mente está conectada con su salud fundamental. Cuando estamos conectados con el amor, estamos alineados con la verdad de la interdependencia y, al menos en ese momento, no estamos obnubilados por la ilusión de estar separados y alienados, ilusión que crea y reafirma nuestro ego autocentrado.

Nuestro cuerpo registra muy claramente cuando conectamos con el amor: nuestro pecho se abre, la respiración se hace más suave y lenta, surge una sensación de calor interior, hay una sensación de apertura y relajación general, nuestro rostro también se relaja y suele aparecer una leve sonrisa. Quizá hayas experimentado algunas de estas sensaciones al hacer el ejercicio anterior. Nota cómo estas sensaciones (apertura, ligereza, sonrisa leve, relajación), están profundamente relacionadas con la salud y el bienestar. Esto puede parecer simple y trivial, pero es realmente algo profundo que considerar: el amor y la salud son interdependientes. El amor es un factor protector y de resiliencia, pero también es un factor curativo importante cuando hemos perdido la salud.

Un ejemplo del poder curativo del amor y la amabilidad se encuentra en un estudio publicado en 1964 (sí, hace más de cincuenta años) en el *New England Journal of Medicine*, el cual mostró que los pacientes que recibían una visita de apoyo de su anestesista antes de una operación intraabdominal, en la cual este les explicaba cómo era el dolor que iban a sentir después de la operación y cómo gestionarlo mejor, necesitaron la mitad de dosis de morfina postquirúrgica comparados con los pacientes que no recibieron esa visita y, además, fueron dados de alta en promedio 2,7 días antes (Egbert et al., 1964). Detente un momento y piensa sobre esto: las personas que recibieron un gesto tan simple como una visita médica, en la que con amabilidad se les explicó lo que les iba a pasar y lo que podrían sentir necesitaron un cincuenta por ciento menos de morfina para regular el dolor y salieron casi tres días antes del hospital, en comparación con quienes recibieron la misma operación, pero no recibieron ese gesto amable, sino el tratamiento «normal». Sin duda esto debiera hacernos reflexionar en el hecho de que para el cuerpo y mente humanos, lo sano y lo normal es esa amabilidad. ¿Cómo lo vives en tu propia experiencia? ¿Qué efecto tienen sobre tu cuerpo y su capacidad de recuperación cuando alguien se da el tiempo de verte como ser humano sensible y tratarte con amabilidad? Si tomamos conciencia de la potencia de este tipo de hallazgos, nos damos cuenta de que las llamadas «habilidades blandas» como a veces se le llama a la empatía, la compasión y la amabilidad, tienen efectos que no tienen nada de blandos, sino que pueden ser contundentes y concretos, y marcan una diferencia.

EL AMOR NO ES APEGO, PERO UN APEGO SEGURO FACILITA EL AMOR

De acuerdo a las enseñanzas budistas, el odio es el enemigo lejano del amor. El odio incluye el rechazo hacia el otro, el deseo de que sea infeliz y, eventualmente, la motivación de generar sufrimiento. Se le llama el enemigo lejano porque es el reverso del amor, su opuesto diametral y, por tanto, es fácil de detectar. Sin embargo, el «enemigo cercano» del amor puede ser más sutil e interesante, ya que tiende a camuflarse con el amor. Se trata del apego autocentrado.

Al leer esto, probablemente te preguntes por qué el budismo dice que el apego es la fuente del sufrimiento, mientras que la psicología nos dice que los seres humanos necesitamos tener un buen apego para estar sanos. La respuesta es, en realidad, bastante simple: aunque se use la misma palabra («apego»), esta tiene distintos significados en ambos contextos. Detengámonos un momento en este punto.

El apego en el contexto de la psicología budista, tal como vimos en el capítulo dos, se refiere a la avidez y aferramiento hacia aquello que percibimos como placentero y que posicionamos en nuestra mente como la fuente de felicidad y satisfacción. Ese aferramiento está basado en no ver claramente (ignorancia) que ningún objeto, experiencia o persona puede ser nuestra fuente de felicidad genuina. Por tanto, nuestro apego nos lleva a proyectar sobre la realidad nuestros deseos, atribuyendo a nuestro objeto de deseo cualidades que realmente no tiene. Cuando esto ocurre, nuestra ilusión deviene en desilusión y la desilusión a menudo se transforma en enfado. Los seres humanos tenemos la trágica tendencia a caer en esta trampa. ¿Te has fijado cuán rápidamente podemos pasar del amor al odio?, ¿de la idealización al resentimiento?, ¿de la pasión al aburrimiento? La maestra budista Robina Courtin (2019) lo expresa muy sintéticamente cuando dice: «El odio surge cuando nuestro apego no obtiene lo que quiere».

El apego autocentrado es un enemigo cercano del amor, ya que es un amor «con agenda oculta»: el foco central no es la felicidad del otro sino la expectativa de ser satisfecho por el otro. Mientras el amor dice «te amo, por tanto, quiero que seas feliz», el apego autocentrado dice «te amo, por tanto, tienes que hacerme feliz». El apego autocentrado puede confundirse con el amor porque nos puede llevar a decir cosas bonitas y realizar gestos amables, sin embargo, son gestos que vienen «con anzuelo». La otra persona quizás se sienta atraída por la carnada de la amabilidad, pero puede quedarse enganchada en el anzuelo de la expectativa autocentrada del otro.

Es difícil amar sin agendas ocultas y sin expectativas de cómo debe responder el otro. Es más, a menudo no somos conscientes de los anzuelos que ofrecemos a los demás, pues provienen de las propias carencias o heridas que con frecuencia no hemos visto claramente. Nuestro amor puede estar contaminado por el apego autocentrado, no porque seamos malas personas que intencionalmente queremos dañar a quienes queremos. El apego autocentrado es una estrategia a menudo inconsciente para brindarnos seguridad a través del control o la manipulación sutil (o no tan sutil) del otro. El problema de esta estrategia, como muchas otras estrategias que generamos desde la ignorancia, es que suele tener el efecto opuesto al que busca: el apego autocentrado corroe el amor y asfixia las relaciones.

Quizá sea sabio y compasivo reconocer que es difícil para la mayoría de nosotros amar a nuestros seres queridos sin una cierta dosis de apego autocentrado. Es difícil, por ejemplo, desear la felicidad a un hijo sin tener alguna idea o expectativa sobre la forma que debería tomar su felicidad. Es difícil (y probablemente tampoco sea del todo deseable) amar a la propia pareja sin ninguna expectativa de que él o ella deba responder de cierta manera a ese amor. Quizá sea más útil pensar en grados más o menos sufrientes de apego autocentrado, en vez de tener la expectativa poco realista de no tener apego. Puede ser más viable proponernos ir reduciendo la intensidad de nuestro apego autocentrado, si reducimos un cinco por ciento de apego autocentrado tendremos un cinco por ciento más de libertad y felicidad. El problema es el apego excesivo que mantiene a nuestra mente en un estado de ansiedad al estar siempre esperando que los otros y la realidad se comporten de acuerdo a nuestras expectativas.

Una práctica simple, pero efectiva, para trabajar con nuestro apego consiste en darnos cuenta de cuando estamos añadiendo tensión a una situación a partir de nuestro aferramiento a que las cosas tengan que ser de determinada manera o que alguien tenga que comportarse según nuestros deseos. Si estamos atentos, incluso podemos notar en el cuerpo cuando la tensión del apego y la expectativa (o ilusión) de control están dominando nuestra mente. Con nuestros pacientes, a veces simplemente usamos la indicación de practicar darse cuenta en su día a día cuándo están generando tensión, al estar exigiendo más de la cuenta a sí mismos, a los otros y a la realidad. Si relajamos y abrimos un poco la mano y apretamos un poquito menos, aunque sea un cinco por ciento menos, eso ya es un cinco por ciento más de libertad, apertura y bienestar para uno mismo y para los otros. Esto puede parecer insignificante, pero piensa cuánto podría reducir tu apego autocentrado y aumentar tu libertad y bienestar relacional en seis meses si reduces tu apego un cinco por ciento a la semana. Naturalmente, esto implica poner en práctica nuestra atención plena en lo cotidiano, reconociendo cuando surge el hábito del apego y ejercer la libertad consciente de tomar un curso de acción diferente.

En este mismo momento, quizá puedas pausar la lectura y reflexionar sobre algún apego en el cual quisieras trabajar esta semana y descubrir qué pequeño cambio en ti podría traer ese cinco por ciento de libertad y disminución del apego.

En aparente contraposición a lo que se explica en el contexto de las enseñanzas budistas, el término «apego» en psicología tiene una connotación positiva y central en el desarrollo de un ser humano. El apego, según John Bowlby, uno de los padres de la teoría del apego, es la conexión afectiva y psicológica duradera entre seres humanos. Esta teoría surge desde la intención de comprender la ansiedad y angustia de separación que muestran algunos niños al separarse de sus padres o cuidadores primarios. Aunque los adultos también desarrollamos relaciones recíprocas de apego con nuestras parejas, amigos, terapeutas y otros, la teoría del apego se centra inicialmente en la necesidad de los niños de desarrollar un vínculo estrecho y confiable con un cuidador primario para satisfacer sus necesidades de seguridad, protección y conexión. La calidad de este vínculo entre el niño y sus cuidadores primarios tiene un impacto importante en su desarrollo psicológico y socioemocional.

Dado que la teoría del apego tiene una complejidad que excede el espacio y foco de este libro,[*] simplemente diremos que

---

[*] Al lector interesado en la teoría del apego les recomendamos las obras de John Bowlby y Mary Ainsworth. Incluimos algunas lecturas recomendadas sobre este tema al final de este libro.

existen distintos patrones relacionales de apego que se pueden establecer en la infancia. Por un lado está el patrón de *apego seguro,* en el cual el niño es capaz de explorar libremente el ambiente cuando su cuidador está presente, tiene la capacidad de interactuar con personas que no conoce, muestra inquietud cuando su cuidador se ausenta y luego responde con alegría cuando este vuelve. El *apego seguro* es el patrón relacional en el cual un ser humano siente que tiene una *base segura* desde la cual explorar el mundo y tomar ciertos riesgos, sabiendo que puede ser confortado en un *paraíso seguro* (el vínculo con la persona cercana) si las cosas se ponen difíciles. Cuando el adulto ofrece co-regulación emocional y le ayuda también a lidiar con lo que es estresante, el niño tiene la oportunidad de aprender a lidiar con el mismo desafío en el futuro. También sabemos que el apego seguro en la infancia facilita la expresión del amor y la compasión en la adolescencia y la adultez.

Por otro lado, el *apego inseguro* (que incluye los patrones *ansioso ambivalente*, *ansioso evitativo y desorganizado*) es una gama de patrones vinculares en los cuales el niño no experimenta una seguridad básica que le permite explorar e interactuar con desconocidos, ni encontrar regulación emocional en el vínculo con sus cuidadores primarios. La investigación psicológica muestra que los patrones inseguros de apego en la infancia tienen una probabilidad significativamente más alta de generar sufrimiento psicológico y relacional en la adolescencia y la adultez.

Al leer estos términos, por favor recuerda que no debemos tomar estas clasificaciones como algo rígido e inamovible, simplemente denotan patrones y tendencias vinculares habituales con los cuales los seres humanos tenemos que lidiar en nuestro proceso de vivir y desarrollarnos en nuestro potencial. Es importante tomar en cuenta que estos patrones vinculares, pese a ser muy influyentes, no determinan nuestro destino, ya que pueden ser alterados a lo largo de la vida a través de experiencias relacionales significativas. De hecho, parte del trabajo psicoterapéutico, particularmente en enfoques que ponen en el centro lo vincular como la terapia centrada en la compasión (Gilbert, 2014) o la psicoterapia analítica funcional (Kohlenberg, 2008; Tsai et al., 2012), o la neurobiología interpersonal (Siegel, 2012) consiste en identificar los patrones relacionales sufrientes, sanar los sistemas de apego y ayudar a los pacientes, a través del vínculo terapéutico seguro y las técnicas particulares de cada modelo, a encontrar seguridad en su relación consigo mismos y con los otros.

Si tomamos en cuenta ambos significados presentados del término «apego», podremos darnos cuenta de que en realidad no son opuestos, sino que ambos significados reflejan aspectos complementarios de un mismo proceso. Contar con un apego seguro en nuestras relaciones más significativas, particularmente durante la infancia, fomenta una estabilidad emocional y una base de seguridad interna que nos permite relacionarnos con apertura y sin el aferramiento excesivo y asfixiante que describe el apego autocentrado ni la avidez descrita en la psicología budista. Tal como se ha dicho que para trascender el ego hace falta primero desarrollarlo, podemos afirmar que para cultivar el desapego sano en el sentido budista necesitamos primero poder desarrollar un apego seguro en el sentido psicológico. En otras palabras, cultivar un desapego sano en el sentido budista es compatible y congruente con el cultivo de relaciones seguras, cálidas y sanas con los demás. Al contrario, si confundimos el apego budista (aferramiento y avidez que genera sufrimiento) con el apego seguro de las relaciones sanas e importantes en nuestra vida, podemos caer en un *bypass espiritual* (Welwood, 1984), en el cual confundimos el ser desapegados con la indiferencia y desconexión de los demás (que sería, como vimos en el capítulo previo, el enemigo cercano de la ecuanimidad).

Desafortunadamente, vemos que a menudo las personas inclinadas hacia la espiritualidad pueden desconectarse de su corazón, de sus emociones y de las relaciones con los demás, sobre todo en tradiciones que enfatizan el cultivo de la sabiduría no-dual. A veces, los practicantes espirituales pueden tener la ilusión de haber «trascendido» sus emociones cuando en realidad no han aprendido aún a conectar y relacionarse sanamente con ellas. Sin embargo, la sabiduría sin amor y compasión se vuelve distante y gélida, mientras que el amor sin sabiduría pierde perspectiva, ecuanimidad y cae en el apego autocentrado. La sabiduría trascendente es esencial, sin ella no podemos conocer la realidad de la impermanencia, la inexistencia de un yo sólido y la realidad de la interdependencia, pero una sabiduría que no esté acompañada por la conexión y apertura del corazón, es una sabiduría coja. Por eso, en el budismo se dice que la sabiduría y la compasión son las dos alas de un ave: sin una de ellas el ave no puede volar. Este reconocimiento de la futilidad de la sabiduría sin amor también se encuentra presente en estas palabras de la Biblia:

Si hablo en lenguas humanas y angelicales, pero no tengo amor, no soy más que un metal que resuena o un platillo que hace ruido. Si tengo el don de profecía y entiendo todos los misterios y poseo todo conocimiento, y si tengo una fe que logra trasladar montañas, pero me falta el amor, no soy nada. Si reparto entre los pobres todo lo que poseo, y si entrego mi cuerpo para que lo consuman las llamas, pero no tengo amor, nada gano con eso.

(I Corintios 13:1-3. Santa Biblia Reina Valera 1960/2017)

Conoceremos más sobre la compasión y su importancia en el capítulo siete, pero por ahora volvamos a centrarnos en el amor considerando tres niveles: el amor a uno mismo, el amor a los demás y el amor como posición existencial.

EL AMOR A UNO MISMO

Como mencionamos anteriormente, el amor es una cualidad básica del corazón que emerge de nuestra capacidad de apreciar —es decir, notar aquello que es precioso—, de conectarnos con quienes amamos y de desear, de corazón, que sean felices. Usualmente pensamos en el amor como algo que se dirige principalmente hacia los otros, sin embargo, es posible e incluso indispensable, ofrecerse ese aprecio, conexión y deseo de felicidad a uno mismo para poder ofrecerlo a los demás de manera sustentable y auténtica. El amor a uno mismo no solamente nos hace alegrarnos de nuestra propia felicidad, sino que también nos moviliza a generar las condiciones para que esa felicidad surja y se expanda en nuestra vida.

Debido a que el amor a uno mismo está relacionado íntimamente al cultivo de la felicidad, es importante recordar que la felicidad no equivale a estar alegre. La alegría es una emoción maravillosa que nos brinda energía y nos conecta con la vida y con los demás, sin embargo, no es lo mismo que la felicidad. Creemos importante recalcar esto ya que la idea de la felicidad como una constante «carita feliz» (que simboliza alegría, disfrute, éxito, optimismo, goce), aunque sea una idea burda, se encuentra ampliamente difundida y se ha convertido en otra exigencia más para muchas personas: el deber de ser feliz. Actualmente existe una industria de la felicidad que ha sembrado socialmente la idea de que la felicidad es algo completamente interno, sobre lo cual el individuo tiene o debería tener pleno control. Básicamente, si no eres feliz es porque no te esfuerzas lo suficiente por serlo, ya que solo depende de ti y de lo que haces con tu mente y tu actitud. Esta mirada no solo sobresimplifica nuestra vida emocional, sino que también carece de una cualidad contextual que tome en cuenta los factores biológicos, económicos, sociales, políticos, ecológicos y culturales que influyen en nuestras emociones y nuestro bienestar.

En contraste, creemos que la felicidad no está asociada con experimentar solo estados mentales, sensaciones físicas y emociones agradables (los cuales son siempre impermanentes), sino que está relacionada con la satisfacción vital que surge de abrazar la vida como un todo, de sentirse vivo, comprometido y hermanado con el destino de los seres, y de cultivar pacientemente hábitos de vida que generen bienestar, salud y florecimiento en uno mismo y en los demás. La felicidad, en este sentido, es ofrecerse plenamente a la vida desde el amor.

Desde esta perspectiva, se puede ser feliz aun cuando pasemos por momentos o incluso fases de tristeza, temor y enojo. Por ejemplo, nuestra felicidad puede incluir el dolor de la conciencia del sufrimiento de un otro, ya que ese movimiento del corazón que se inclina hacia ese dolor con el deseo de aliviarlo es testimonio de un corazón vivo y despierto. El enojo por la contaminación de un río y la muerte de sus peces y aves puede ser parte del amplio arco de la felicidad, ya que ese enojo y la motivación compasiva de ayudar a que eso no siga ocurriendo es señal de un corazón abierto a la vida. Sin duda, estas experiencias dolorosas están más cerca de la felicidad que mantener una alegría constante que depende de ser inconscientes del sufrimiento. Por tanto, la felicidad también se relaciona con poder vivir la diversidad de experiencias que nos presenta la vida, tanto las alegres como las tristes, las placenteras como las displacenteras, con un corazón abierto, con la sabiduría de la impermanencia y una motivación compasiva como guía.

Volvamos ahora al amor; ¿qué forma tomaría el amor cuando es dirigido hacia uno mismo? Te invitamos a detenerte un momento y hacerte estas preguntas:

- ¿Cómo sería relacionarte contigo misma/o como si fueras tu mejor amiga o amigo?
- ¿Qué efecto tendría en ti si respondieras con ternura a tus propias vulnerabilidades?
- ¿Cómo sería estar de tu lado en las buenas y en las malas?
- ¿Cómo te sentirías si fueses la primera persona en celebrar tus logros cuando consigues algo?
- ¿Cómo sería poder ver y celebrar lo que es bueno, bello, sano en ti, en vez de permanecer enfocado/a en lo que falta o lo que parece insuficiente?

Imagina solo por un momento qué pasaría si de manera regular y cotidiana experimentaras un deseo genuino de apoyarte en el camino de cultivar una mayor felicidad y tuvieses la motivación de dar los pasos necesarios para ello.

Es interesante notar que esta perspectiva que suena tan lógica y natural, se presenta como algo lejano para muchos de nosotros. Considerando que uno mismo es la persona que tenemos más cerca durante toda la vida, debiera ser evidente la importancia de desarrollar una relación amorosa con nosotros mismos, sin embargo, esta relación es la que suele ser la más desafiante de todas. Ya sea por influencia de experiencias relacionales difíciles en la infancia, por haber crecido en una familia en que el amor se ofrecía como premio a las demostraciones de éxito, habilidad o belleza, o por la influencia de una cultura competitiva y exitista que siempre nos está mostrando *lo que aún no somos ni tenemos*, lo cierto es que a muchos de nosotros nos resulta difícil apreciarnos, amarnos y apoyarnos.

Sin embargo, amarse a uno mismo es una clave central de nuestra propia salud mental y también relacional, ya que difícilmente podremos amar a otros de manera sostenible, sin aprender a aceptarnos y amarnos a nosotros mismos tal como somos. El poeta John O'Donohue lo expresa lúcidamente en su libro *Anam Cara*:

> Jamás podrás amar a otra persona a menos que estés igualmente comprometido en el trabajo espiritual, hermoso y arduo, de aprender a amarte a ti mismo. Dentro de cada uno, en el alma, hay una fuente enriquecedora de amor. En otras palabras, no necesitas salirte de ti mismo para conocer lo que es el amor. Esto no es egoísmo ni tampoco narcisismo, ambas distorsiones obsesivas de la necesidad de ser amados, sino que es la fuente de amor en tu corazón (...). Esto no se trata de forzarnos a amarnos. Es más una cuestión de ejercer la paciencia y de invitar a esta fuente de amor, que es nuestra verdadera naturaleza, a fluir a través de nuestra vida. Cuando esto ocurre, el suelo que se ha endurecido dentro de ti se empieza a ablandar nuevamente (O'Donohue, 1997).

El poeta destaca el rol de la paciencia en el cultivo del amor a uno mismo, pues el amor no puede ser forzado, ni siquiera el amor propio. Sin embargo, uno puede invitarse, con paciencia, a abrir el corazón hacia uno mismo y hacia los demás. Tal como no podemos forzarnos a desarrollar mejores hábitos alimentarios sin desarrollar una relación neurótica con la comida, tampoco podemos forzarnos al cultivo de una mente amorosa para nosotros mismos sin generar una mente estresada por la exigencia o por la culpa de no cumplir con nuestras expectativas.

La mente/corazón es sensible a la forma con la que se le trata, solo acepta de buen grado las invitaciones amables y no enjuiciadoras, resistiéndose al trato guiado por el control, la manipulación y la violencia. Por ello, enfatizamos siempre el rol de la intención (el «para qué» practicamos) y de la disposición afectiva (el tono emocional) que acompañan la práctica, pues de otra forma lo que llamamos práctica espiritual se transforma simplemente en un nuevo campo de batalla, plagado de exigencias, control y culpa. Tal como el amor, nuestra práctica espiritual debiese hacernos libres.

Es muy difícil ofrecer a otros aquello de lo cual carecemos, y el amor a uno mismo no es algo que simplemente se tiene o no se tiene, sino que es algo que se desarrolla y se nutre, como en cualquier relación a largo plazo. Este cultivo del amor a uno mismo no es narcisismo o egoísmo, expresiones reactivas de una falta genuina de amor y autoaceptación. Aunque suene paradójico, debido a que el amor genera una sensación básica de confianza, un amor sano por uno mismo puede ayudarnos a vivir menos autocentrados y más abiertos al otro. El amor genuino a uno mismo tiende a silenciar al ego. Quien tiene una base segura de amor dentro de sí no necesita vociferar su valor a los cuatro vientos; cuando nos amamos sanamente podemos desarrollar más fácilmente relaciones sanas y amorosas con los demás.

Aunque aprender a amarnos a nosotros mismos es una tarea de toda la vida, queremos sugerir brevemente algunos pasos iniciales que nos han resultado útiles en nuestro propio proceso personal y también han ayudado a otras personas.

Un buen comienzo en la práctica del amor hacia uno mismo consiste en la autoaceptación. Autoaceptarse es dejar de estar en lucha constante con uno mismo desde la sensación de no ser suficiente, es poder verse claramente y aceptarse cómo uno es en el presente. Aceptar que mi cuerpo es mi cuerpo tal como es, que mi mente es mi mente tal como es, que mis relaciones son lo que son.

Aunque suene simple, la autoaceptación es una actitud revolucionaria en un contexto cultural que nos empuja constantemente a ser algo distinto a quienes somos (más delgados, exitosos, inteligentes, felices) y exhibirnos como objetos competitivos en la vidriera de la sociedad, hoy tan bien reflejada en las redes sociales. Es posible que la palabra aceptación le parezca a algunos que es sinónimo de resignación, sin embargo, ambos son términos muy distintos. La resignación es un cierre a la flexibilidad creativa inherente de la vida, quedándonos atrapados en discursos autolimitantes y mermando nuestra confianza en que tenemos la capacidad de cambiar lo que sí podemos cambiar. En cambio, la aceptación consiste en precisamente disfrutar de la libertad y el espacio que otorga no estar en pugna con uno mismo en la obsesiva rumiación sobre la distancia entre mi yo real y mi yo ideal. Es la aceptación y no la negación de mi situación lo que me permite imaginar y, eventualmente, concretar un cambio.

Desde la aceptación realista de mí mismo y de mi situación actual, sin exagerar mis virtudes o los defectos, puedo asumir la libertad de cultivar paciente y amorosamente los cambios que quiero ver en mi vida. Quizá la clave fundamental del cambio consiste en invitarnos a cambiar desde el amor, y no desde el miedo y la autoagresión. La autoaceptación es el paso fundamental para poder desarrollar el amor a uno mismo y es desde esa base de aceptación incondicional, que es exactamente lo que querríamos recibir de alguien que nos quiere, donde podemos invitarnos a florecer en nuestro potencial con paciencia y ternura, dando los pasos que nos ayuden a cultivar la felicidad y el bienestar en nuestra vida.

Otra clave a la hora de cultivar el amor a uno mismo es la autoapreciación, que significa poder apreciar y valorar lo que hay de bueno, bello y noble en nosotros. Cuando amamos a alguien, apreciamos sus cualidades positivas y naturalmente surge la alegría al ser conscientes de aquello que es querible en el otro. Uno también puede aprender a ver y valorar lo que es querible en uno mismo y, aunque a primera vista pueda parecer paradójico, cuando apreciamos lo que anda bien en nosotros tenemos la energía necesaria para cambiar lo que queremos cambiar.

El común de las personas creen que es la autoexigencia y la autocrítica lo que facilita el cambio en las personas, sin embargo la investigación muestra que las personas más autocompasivas y amables consigo mismas son las que tienen mayor facilidad para implementar cambios constructivos en su vida. ¿Por qué? Porque cuando nos exigimos y criticamos duramente estamos activando la respuesta de amenaza en nuestro cuerpo y cerebro. Cuando nos sentimos amenazados entramos en estados fisiológicos y mentales de lucha/huida/parálisis y, a nivel emocional, generamos ansiedad, frustración y rabia, lo cual bloquea partes del cerebro que son precisamente las que necesitamos para pensar creativamente y abrirnos al cambio. Querer generar cambios en una dirección positiva a través de la autocrítica es como querer enseñar a leer a un niño a punta de insultos: simplemente no funciona, ya que cuando estamos amenazados nuestro cuerpo y mente están enfocados en la supervivencia y no en la apertura y flexibilidad necesaria para el aprendizaje de nuevas habilidades.

PRÁCTICA 8: Ofrecernos la paz que necesitamos

Esta es una práctica muy simple pero que puede tener un gran beneficio si se usa como un pequeño ritual que podemos incorporar en nuestra vida. A menudo los seres humanos nos sentimos constreñidos, no solo por las demandas externas (que existen, por supuesto), sino también por la presión que ejercemos sobre nosotros mismos de manera casi inconsciente. Esto se refleja a menudo en nuestro cuerpo a través de una respiración corta, contracción muscular, un ritmo acelerado y poco fluido en nuestro movimiento, y una expresión facial tensa.

Uno de los gestos más básicos de amor es ofrecer espacio a quien uno quiere, un espacio de no exigencia y descontracción donde el otro pueda sentirse acogido sin presiones. En esta práctica nos ofrecemos exactamente eso. Describiremos brevemente los pasos aquí abajo y te recomendamos leerlos uno a uno, practicar ese paso y, tras leer y practicar, dar el siguiente paso. El ejercicio completo puede durar de unos cinco a siete minutos.

* Toma consciencia de tu cuerpo, siente tus pies en contacto con el suelo y el cuerpo en contacto con la silla o cojín. Haz cualquier movimiento que te ayude a soltar y descontraer tensiones. Luego endereza la espalda y relaja el vientre y el rostro.
* Toma 5 respiraciones de limpieza, inhalando profundo por la nariz y exhalando por la boca, imaginando que en la exhalación sueltas las tensiones acumuladas.
* Ahora respira conscientemente por la nariz, a un ritmo un poco más lento de lo habitual. Deja que aflore una muy leve sonrisa en tus labios, dejando que ese gesto de amabilidad suavice tu rostro.
* Permítete relajar el cuerpo en una capa un poco más profunda. Es habitual que estemos tensando involuntariamente partes del cuerpo. Permite que esas tensiones se vayan aflojando un poco más.
* Sin apuro, lleva una mano a tu pecho y la otra a tu vientre, practicando ofrecerte un tacto que transmita amabilidad y calidez a tu propio cuerpo. Siente por unos momentos ese contacto de cuidado.
* Repite las siguientes frases en tu mente o en voz alta con una voz suave: «Me ofrezco este espacio de paz / Me ofrezco el cariño y la

ternura que necesito / me ofrezco amistad incondicional». Puedes repetir esto lentamente, las veces que quieras.

- Añade cualquier otra frase de amor que quieras ofrecerte en este momento de acuerdo a tu situación.
- Toma tres respiraciones profundas finales, agradeciendo la pausa y el espacio que te has ofrecido.

Todos anhelamos un espacio de descontracción en el que podamos sentirnos aceptados y no exigidos. Quizá el primer paso sea ofrecernos este gesto de amor a nosotros mismos. Es algo simple y gratuito que está literalmente a la mano. Te invitamos a recordar a diario tomarte algún tiempo para ofrecerte paz.

EL AMOR A LOS OTROS Y AL MUNDO

El amor es torbellino
de pureza original;
hasta el feroz animal
susurra su dulce trino,
detiene a los peregrinos,
libera a los prisioneros;
el amor con sus esmeros
al viejo lo vuelve niño
y al malo solo el cariño
lo vuelve puro y sincero.

–Violeta Parra

Ser humano significa ser y vivir en relación, por lo tanto, sin un otro, sencillamente no existimos. Como afirma de manera simple y profunda el maestro Thich Nhat Hanh, somos porque inter-somos, no podemos existir solo por nosotros mismos. (Nhat Hanh, 1998). No solo quienes viven una vida de familia están interconectados con los demás, sino que también un monje en su retiro solitario de tres años está en completa interconexión: sin su maestro guía, sin las enseñanzas de muchos otros seres humanos, sin una comunidad que apoye su labor de maneras concretas y sutiles y sin los seres vivos a quienes dedicar los frutos de su práctica, el monje no podría hacer su retiro. Hasta la labor más aparentemente solitaria presupone la existencia de otros. De hecho, solo podemos pensar como piensa un ser humano gracias a las palabras, las imágenes y las ideas de otros. En este mismo instante, solo podemos escribir estas líneas porque te imaginamos leyéndolas y así contribuyendo a este diálogo, sino estas palabras no tendrían sentido.

Quizá porque somos seres inherentemente relacionales es que nuestro bienestar depende en buena parte de cultivar el flujo del amor de uno hacia los demás (dar) y de los demás hacia uno (recibir). Abrir el corazón y amar a los otros y al mundo nos genera bienestar, ya que cuando amamos estamos más profundamente alineados con la realidad y la verdad de la interdependencia, pues no estamos realmente separados. Al contrario, cuando odiamos, eso conlleva intensificar la ilusión de separación, lo cual nos hace sentir desconectados y aislados.

La maestra de meditación Pema Chödrön describe el camino de desarrollo espiritual como un camino de apertura gradual del corazón, lo cual en la tradición budista mahayana se denomina el cultivo de la *bodichita* o la mente del despertar, la cual podríamos describir como la motivación profunda y sincera de despertar nuestro potencial de sabiduría y compasión en beneficio de todos los seres sintientes (Chödrön, 2016). Aunque es una intención preciosa, naturalmente esto puede sonar como un desafío enorme, e incluso amenazante, ya que abrir el corazón a otros puede conectarnos con nuestras vulnerabilidades ligadas a nuestra propia historia, nuestras inseguridades y nuestras creencias limitantes. Aquí nos enfrentamos con una paradoja interesante: no podemos ser felices con el corazón cerrado y, sin embargo, para muchos de nosotros, el corazón se ha cerrado defensivamente frente al sufrimiento que hemos experimentado.

La invitación entonces consiste en mantener la aspiración a abrir el corazón, pero también ser pacientes con el lugar hasta donde tu cuerpo, mente y corazón pueden sostener la apertura hoy. Es parte del camino del *bodhisattva* abrir la puerta a todos los seres como nuestros invitados, pero es importante abrir esa puerta gradualmente, de manera que no se sobrepasen los límites actuales de nuestro sistema nervioso. Quizá hoy podamos abrir nuestra puerta solo un poco, e incluso quizá haya días en los que no podamos abrir el corazón del todo, sin embargo, podemos mantener la aspiración y la práctica de seguir abriendo gradualmente la puerta respetando nuestro ritmo y nuestros límites.

Amar respetando nuestros límites quizá sea uno de los equilibrios más difíciles e importantes en nuestra relación con los demás y con el mundo. Para muchos de nosotros, la tendencia habitual consiste en ir a los extremos de cerrarnos defensivamente o bien perder nuestros límites y darnos a los otros de maneras que no toman en cuenta nuestras propias necesidades. En ambos extremos perdemos salud: en el cierre sufrimos por la falta de conexión y en la pérdida de límites tenemos la frustración de no satisfacer nuestras necesidades y el resentimiento que se va acumulando hacia los demás cuando sentimos que los otros van drenando nuestros recursos.

En este sentido, es muy importante no objetivar al otro, no solo porque nadie desea ser visto y tratado como un objeto/medio para algo más y todos deseamos ser tratados como sujetos intrínsecamente valiosos, sino también porque al objetificar al otro solidificamos la idea de que el otro es la fuente de lo que en realidad necesitamos desarrollar por nosotros mismos. En un sentido, el otro es un espejo que nos ayuda a ver y desarrollar los aspectos más bellos y nobles en nuestra vida. Uno de nosotros (Gonzalo) encuentra estas notas en un diario personal, durante un retiro de meditación en el monasterio Amaravatti en Inglaterra, hace veinte años:

> Cuando digo «te amo», eso no viene de la persona que amo, lo que siento es su presencia en mí mismo y de esta experiencia surge ese amor. Y lo que hace esta persona amada es gatillar en mí la experiencia del amor. Lo que realmente ha sucedido es que tú –la persona que amo– has actuado como un espejo para ese lugar dentro de mí que contiene este amor. Cuando el espejo se quiebra, se pierde, o muere, pierdo el contacto con lo más precioso de mi ser: aquello en mí que ama. Lo que extrañamos cuando extrañamos, lo que sufrimos cuando sufrimos, es la pérdida de contacto con nuestra naturaleza original, porque eso somos tras todas las capas de ilusión: amor puro e ilimitado. El maestro espiritual es también un espejo que nos recuerda que en nosotros mismos se encuentran presentes la comprensión, la compasión, el amor ecuánime, la facultad de despertar. Cuando me prosterno ante una estatua de Buda, cuando me inclino ante una imagen de Cristo, no es otro más que a mí mismo, a mi naturaleza esencial e indestructible, a quien saludo y reverencio (...) Amar contiene sufrimiento, no solo lo contiene, también lo cobija, lo acepta, lo comprende. Amar, sin embargo, contiene también el misterio, la maravilla y el sentido de estar vivos.

De manera análoga, el poeta John O'Donohue (1997) sugiere que el amor hacia un otro es evidencia de que el amor existe dentro de uno mismo. La existencia del otro es la simiente que permite que brote lo más noble en nosotros, que es nuestro amor a los demás y al mundo. La conciencia de esto nos ayuda a amar un poco más libres de la proyección, la tendencia al apego autocentrado y el control:

> Hemos sido enviados aquí para aprender a amar y a recibir amor. El mayor regalo que un nuevo amor trae a tu vida es el despertar de este amor que yacía oculto dentro de ti. Esto te hace independiente. Ahora puedes acercarte más al otro, no desde la necesidad o desde el desgastante mecanismo de la proyección, sino desde una genuina intimidad, afinidad y pertenencia. Es una liberación. El amor debiese hacerte libre. Te haces libre de la necesidad hambrienta y devastadora con la que buscas externamente en objetos y personas un poco de afirmación, de respeto y significado. Estar en un espacio sagrado es simplemente llegar a casa, y ser capaces de descansar en el hogar que llamamos alma. (O'Donohue, 1997).

Amar implica abrazar la paradoja de asumir la propia soledad e independencia y al mismo tiempo estar abierto a generar intimidad con un otro que también es independiente y a quien nunca alcanzaremos a comprender del todo. En este sentido, el amor y la conciencia de la interdependencia no implican que estamos todos fusionados en una gran 'sopa cósmica', ya que cada uno es una expresión única y específica de la vida que nunca ha existido antes y nunca existirá después de la misma manera que existe ahora en el fluir de la vida.

Por tanto, quizá el gesto más básico de amor que podemos ofrecer a otros es el respeto al misterio insondable que son. Este reconocimiento lo refleja la distinción que hace el filósofo Martin Buber entre dos tipos de relación que podemos establecer con otros: la relación yo/eso y la relación yo/tú (*I/It-I/Thou* en inglés; Buber, 1993).

En la relación yo/eso, veo al otro como un medio para un fin, es una visión utilitaria y cosificada del otro, lo vemos de un modo instrumental, como algo que me ayuda a satisfacer una necesidad o deseo. Cuando miramos de esa manera a los otros humanos y animales, tendemos a disponer de ellos como satisfactores de nuestros deseos, de una manera que no considera su subjetividad, sus necesidades, deseos y aspiraciones, siendo esta perspectiva un modo parcial y cosificante de ver a los demás. Esta mirada naturalmente nos lleva a la desconsideración y la explotación.

La relación yo/tú, en cambio, es aquella en la cual vemos al otro como un ser completo, con motivaciones e intereses propios, y digno, cuyo valor es intrínseco y no está determinado por su utilidad como medio de satisfacción de necesidades o deseos de terceros.

Ambos tipos establecen modos radicalmente diferentes de relación, en la cual tanto la otra persona como nosotros nos vemos afectados. Si nos relacionamos con el otro como «eso», al objetivar al otro nosotros mismos nos objetivamos, del mismo modo, si trato al otro como un «tú», nos tratamos a nosotros con la misma dignidad. Martín Buber resalta esta dimensión relacional cuando dice: «Quien dice tú no tiene algo por objeto. Pues donde hay algo, hay otro algo, cada Ello limita con otro Ello, el Ello lo es solo porque limita con otro. Pero donde se dice tú no se habla de alguna cosa. El tú no pone confines» (Buber, 1993, p. 8).

Podemos pensar en los movimientos políticos y sociales reivindicativos de derechos de grupos oprimidos durante los últimos siglos, incluyendo las distintas olas del feminismo, el movimiento abolicionista, la defensa de los pueblos indígenas, el movimiento de los derechos civiles, la lucha por los derechos de las minorías sexuales y el matrimonio igualitario y la defensa de los derechos de los animales, como expresiones del paso de la mentalidad yo/eso a yo/tú, empujando a que nuestras sociedades avancen de la mirada instrumental del otro a una mirada que reconozca que todos los seres tienen dignidad y derecho a ser felices y estar libres del sufrimiento, y que no están en este mundo para ser cosas o instrumento de intereses de otros, sino que poseen una dignidad intrínseca. A menudo el amor toma la forma de activismo en defensa de la vida y dignidad de los seres.

Como todos los seres sensibles (no solo los humanos, aunque al menos comenzar por los humanos sería un buen comienzo) desean ser felices y estar libres del sufrimiento. *Metta/maitri*, el segundo inconmensurable centrado en el amor, nos invita a ir ampliando ese amor desde nuestros círculos más inmediatos, para extenderlo luego hacia todos los seres humanos, aunque no se parezcan a mí, ni piensen como yo, ni tengan el mismo color de piel u orientación sexual. Luego, necesitamos expandir el círculo del amor más allá de lo humano para abrazar a todos los seres sintientes. Nuestra supervivencia dependerá de eso.

PRÁCTICA 9: Yo/tú vs. yo/eso

Te invitamos a detener un momento la lectura y a reflexionar sobre esta distinción que hace Martin Buber entre el tipo de relación yo/tú y el tipo de relación yo/eso. Considera de qué maneras cotidianas te relacionas contigo mismo/a como un «eso», es decir, como un medio para algo y no como un fin. Quizá puedas traer a tu mente formas en las que te hablas, te exiges o te comparas con otros, como si fueses una cosa que debe cumplir ciertas expectativas para ser apreciada. Seguramente encuentres varios ejemplos ya que es algo bastante común en la experiencia de la mayoría de nosotros. Procura ir notando uno a uno estos patrones de cosificación sin juzgarte por ellos. Ahora imagina cómo te hablarías y te relacionarías contigo desde una perspectiva yo/tú. ¿Cómo te hablarías en la intimidad de tu mente? ¿Cómo tratarías a tu cuerpo? ¿Qué decisiones, grandes y pequeñas, tomarías de manera distinta si te relacionaras contigo desde ese respeto amoroso de la relación yo/tú? Tómate algunos minutos para explorar estas preguntas.

Ahora, reflexiona sobre tu relación con los demás. Nuevamente sin juzgarte por ello, nota en qué relaciones puedes notar que la mentalidad yo/eso está presente, en qué interacciones puedes notar que no tienes una consideración de la subjetividad del otro. En estas relaciones podemos observar que nuestra manera de interactuar puede ser desconsiderada de maneras más burdas o sutiles en relación a los deseos, sueños y aspiraciones del otro.

¿Cómo y con quiénes te relacionas desde esta perspectiva? Luego, observa con quiénes y de qué manera te relacionas desde una perspectiva yo/tú. Quizá te des cuenta de que con las mismas personas o animales algunas veces te relacionas desde el yo/tú y otras desde el yo/eso. Por ejemplo, si tienes un hijo pequeño, quizá te relaciones desde la primera perspectiva cuando estás más relajado/a y estás disfrutando del espacio de cariño y de juego, pero quizá eso cambia a la perspectiva yo/eso cuando estás más apurado/a y el niño tiene que comer rápido o ponerse la ropa de manera eficiente y sin jugar para llegar a tiempo a alguna parte. Quizá notes que con ciertos animales te relacionas desde una perspectiva yo/tú y con otros que tienen las mismas capacidades cognitivas y afectivas te relacionas desde una perspectiva yo/eso. ¿Qué cambia en ti y en el otro cuando te relacionas desde esa perspectiva? ¿Qué micro-prácticas cotidianas te podrían ayudar a recordar la dignidad de los otros seres y pasar a una relación yo/tú con ellos? ¿Cómo te imaginas dando lo que tú mismo/a anhelas?

Te invitamos a escribir tus reflexiones en el siguiente espacio:

_____

_____

_____

Como vemos en este ejercicio, el amor puede manifestarse de maneras concretas y ser practicado en lo cotidiano. El amor es amar, es decir, no es solo una emoción agradable, sino primordialmente es una motivación a aportar a la felicidad de uno mismo y de los otros seres, partiendo por reconocer su derecho a existir, a ser respetados en su dignidad y a poder florecer en su potencial. Como hemos visto, el amor tiene una base instintiva que está arraigada en nuestra fisiología y en nuestra constitución biopsicosocial como seres relacionales, pero también es una habilidad que puede y debe ser entrenada. El campo de práctica del amor es el espacio relacional cotidiano con nosotros mismos, con los seres queridos, con las personas «neutras» (aquellos que conocemos poco y hacia quienes no tenemos apego o aversión), para luego ir ampliando aún más el círculo para incluir a las personas difíciles y a todos los seres.

El cultivo de ese amor universal es un antídoto muy potente al miedo y el egoísmo, estados sufrientes que pueden habitar nuestras mentes y corazones a menudo. Queremos compartir contigo una práctica de meditación sencilla y profunda para ir regando las semillas del amor en la propia mente y en nuestro corazón.

Naturalmente, una práctica no reemplaza nuestras acciones cotidianas, sino que las complementa y las nutre a través de ir inclinando gradual y cotidianamente nuestra mente hacia una disposición positiva hacia los seres, incluido uno mismo. Como señala Sharon Salzberg, la práctica de la bondad amorosa consiste en cultivar el amor como una fuerza transformadora (Salzberg, 2017).

PRÁCTICA 10: Ampliando el círculo del amor (meditación Metta)

El propósito de la siguiente práctica es indagar en nuestra motivación bondadosa, y desde ese reconocimiento en nuestra experiencia ir ampliando los límites para incluir a diferentes personas y grupos de personas a las cuales dirigir esta motivación.

Encontrarás una guía de meditación de esta práctica en un audio que podrás oír y descargar en la web de Editorial Sirio. Para acceder a este archivo debes entrar en www.editorialsirio.com, seleccionar la ficha de este libro escribiendo el título en la barra de búsqueda y, una vez ahí, verás los audios en la sección de «Audios relacionados».*

A continuación, presentamos solo algunos pasos centrales de esta práctica para quienes prefieran leer las instrucciones en vez de escucharlas y realizar la práctica de forma autoguiada:

• Toma una postura cómoda y estable, con la espalda erguida pero no rígida y el pecho y vientre suaves. Relaja el rostro y baja la mirada o cierra los ojos. Toma cinco respiraciones profundas, aprovechando la exhalación para soltar y relajar tensiones.

---

* N. del E.: En caso de incidencia puedes escribir a sirio@editorialsirio.com

- Respira ahora a través de la nariz, llevando tu atención al fluir de la respiración por un par de minutos, trayéndote de vuelta a la respiración con amabilidad cada vez que notes que te distraes.

- Lleva tu atención a la zona de tu corazón, notando cómo esta zona se expande suavemente cuando inhalas y cómo se relaja cuando exhalas. Quédate sintiendo tu respiración en el pecho durante algunos minutos, si gustas, imagina que inhalas y exhalas desde y hacia el centro del corazón.

- Comienza la práctica del amor hacia ti mismo/a. Junto con tu consciencia del sufrimiento y de la humanidad compartida hacia todas las personas, puedes optar por desear lo mejor para ti. Te mereces esa bondad tanto como cualquier otra persona. Puedes comenzar trayendo a tu mente tus propias buenas cualidades. Deja que estas te recuerden lo bueno que hay en ti. De lo que tú eres ¿qué es lo que toca tu corazón? Nota lo que es noble, bueno y bello en ti. Por ejemplo, puedes recordar alguna vez que has sido generoso/a con alguien, dando tu tiempo y tu presencia sin esperar algo a cambio.

- A continuación, ofrécete amablemente las siguientes aspiraciones, sintiéndote libre de elegir las frases que te hablen de manera más directa. Sin apuro, tómate un tiempo para ofrecerte de la manera más sincera posible cada una de estas frases:

Que pueda estar seguro/a y protegido/a.
Que pueda tener salud y bienestar.
Que pueda ofrecerme el cuidado que necesito.
Que pueda vivir con tranquilidad y paz.
Que pueda dar y recibir amor.
Que pueda ser un buen amigo/a para mí mismo/a en esta vida.

- Observa y siente esta posibilidad de ofrecerte amistad incondicional. Nota que esto es posible, es practicable y tiene un impacto en ti.

Vislumbra la posibilidad de generar hacia ti la calidez y ternura que sientes naturalmente hacia un bebé o hacia un cachorro, con toda su inocencia y apertura a la vida, que también yace en tu centro.

· Ahora, trae a tu mente a alguien por quien sientas calidez y ternura. Puede ser un niño, un amigo, tu pareja, incluso una mascota. Alguien que evoque naturalmente una sonrisa al recordarlo. Deja que la sonrisa de él o ella aparezca en tu mente. Mientras recibes esa imagen, muy suavemente trae a tu mente las virtudes de este ser querido. Tu objetivo es el de evocar naturalmente sentimientos de calidez y ternura, visualizando cómo te hace sentir conectar con él o ella. Deja que se expandan estos sentimientos de ternura, conectándote con tu calidez y amabilidad.

· Permite que en tu rostro aparezca una leve sonrisa mientras mantienes suavemente a esta persona en tu corazón y en tu mente. Ahora, ofrece las siguientes intenciones de amor y amabilidad hacia esta persona, lentamente, ya sea en silencio o en voz alta pero muy suave:

Que puedas sentirte seguro/a.
Que puedas tener salud y bienestar.
Que puedas tener paz y alegría.
Que puedas dar y recibir amor.
Que seas feliz.

· Ahora, elige a una «persona neutra», alguien a quien reconocerías al verlo, pero que apenas conoces. Puede ser alguien de tu barrio, de tu trabajo, o alguien a quien ves siempre en donde compras el pan o en una cafetería que visitas habitualmente. Considera que esa persona, tal como tú, tiene una vida tan *texturada* y compleja como la tuya, tiene sentimientos y, muy naturalmente, también tiene sueños, aspiraciones y desea ser feliz. Manteniendo a esta persona en mente como un compañero ser humano, permítete ofrecerle tu intención de que pueda ser feliz:

Que puedas sentirte seguro/a.
Que puedas tener salud y bienestar.
Que puedas tener paz y alegría.
Que puedas dar y recibir amor.

- Repite las frases una vez más. Nota cómo se siente en tu cuerpo y mente el ofrecer esta intención amorosa a una «persona neutra».
- Toma algunas respiraciones profundas y refresca tu atención. Ahora trae a tu mente a alguna persona con quien puedas tener alguna dificultad, desacuerdo o incomodidad. Te recomendamos no elegir a la persona más difícil de tu vida, ya que estamos comenzando a ampliar nuestro potencial de benevolencia y necesitamos ir trabajando con gradualidad. Por lo tanto, podemos trabajar con irritaciones menores y más adelante ir incluyendo a personas más difíciles.
- Una vez que hayas elegido a alguien, practica verlo como un ser humano que también desea ser feliz y estar libre del sufrimiento y que tal como tú, muchas veces está confundido acerca de cómo cultivar esa felicidad, incluso yendo en la dirección opuesta. Contempla la posibilidad de que sus acciones hostiles sean expresiones de sufrimiento o de necesidades insatisfechas, reconociendo que nadie que se encuentre en equilibrio, bienestar y salud desea espontáneamente hacer daño a otros. Los seres humanos usualmente generamos sufrimiento a partir de nuestro propio sufrimiento, desequilibrio y confusión. Pese a las diferencias, ve si puedes reconocer que esa persona tal como tú también tiene sueños y aspiraciones, tiene días buenos y malos en su vida y también desea amar y ser amado. Repite en silencio nuevamente las siguientes aspiraciones:

Que puedas sentirte seguro/a.
Que puedas tener salud y bienestar.
Que puedas tener paz y alegría.
Que puedas dar y recibir amor.
Que seas feliz.

- Ahora, sigue expandiendo el campo de tu conciencia para incluir a quienes están cerca de ti, como si tu corazón bondadoso fuese una fuente de energía expansiva que se abre en todas las direcciones a medida que sigues respirando suavemente. Puedes incluir a las personas y animales en tu barrio, en tu ciudad, e ir ampliando el círculo de la bondad hasta incluir a todos los seres. Practicando una gran generosidad del corazón, permítete ofrecer tus deseos de felicidad a todos los seres sintientes en todas partes. A los que están sanos, a los que están enfermos, a los que tienen todo y a los que no tienen nada, desde los más pequeños a los más ancianos, tomando conciencia de la gran red de interconexión que nos une a todos. Desde esta conciencia expandida, puedes repetir las siguientes aspiraciones para todos los seres:

Que todos los seres puedan sentirse seguros y protegidos.
Que todos los seres puedan tener salud y bienestar.
Que todos los seres puedan vivir con paz y tranquilidad.
Que todos los seres puedan dar y recibir amor en esta vida.
Y que yo pueda aportar un grano de arena a que esa realidad sea posible.

- Finalmente descansa por algunos momentos más sintiendo tu respiración y disfrutando de la apertura de la mente y el corazón de la práctica de ampliar el círculo del amor. Sin apuro, tómate tu tiempo para notar atentamente el efecto de esta práctica en tu cuerpo, mente y corazón. Cuando te sientas lista/o, puedes concluir esta meditación dedicando el esfuerzo positivo de la práctica al bienestar de todos los seres, incluyéndote a ti misma/o.

Naturalmente, el amor no puede ser forzado, ya que el corazón tiene sus propios ritmos orgánicos para abrirse. Sin embargo, eso no significa que no podamos practicar inclinar nuestra mente/corazón en esta dirección tan constructiva, la cual trae beneficios a uno mismo y a los demás. Al realizar la práctica de ampliar el círculo del amor (*metta*), puede surgir una diversidad de experiencias para distintas personas e incluso para la misma persona en distintos momentos. Es posible que para algunas personas surja una tristeza y eso puede ser natural cuando se toca el corazón. Es importante, en este punto, estar abierto a lo que surja sin juzgarlo y poder acogerlo como una manifestación humana natural. Por ejemplo, abrazando esa tristeza que surge, la cual puede ser parte de un proceso de sanación del corazón.

En este sentido, las prácticas meditativas de los cuatro estados inconmensurables no tienen como objetivo central hacerte sentir bien de inmediato o generar estados placenteros. Naturalmente, se pueden tener experiencias placenteras de paz y conexión con estas prácticas, sin embargo, el foco central de esta perspectiva no consiste en generar sensaciones gratificantes inmediatas, sino más bien ir nutriendo a medio-largo plazo una mente más sana y abierta, desde la cual relacionarnos con nosotros mismos y con el mundo. A medida que sigas explorando las propuestas y prácticas que ofrecemos en este libro, intenta mantenerte conectado con estas preguntas y visión de largo plazo: ¿Qué tipo de mente estoy cultivando? ¿Qué semillas estoy regando? ¿Qué tipo de relación estoy estableciendo conmigo mismo/a y con los demás? ¿Cómo puedo contribuir concretamente para que la relación conmigo mismo/a y con los demás se vuelva más significativa y cercana? De esta manera, podrás seguir profundizando en la práctica paso a paso, atravesando momentos de mayor inspiración y placer y otros más difíciles.

Después de haber profundizado en el inconmensurable amor, en el siguiente capítulo daremos paso al tercer estado inconmensurable que podemos reconocer y cultivar, la alegría.

Capítulo 6 | La alegría

Antes de comenzar este capítulo, nos gustaría hacerte unas breves preguntas para que las puedas indagar en tu propia experiencia. Tómate al menos unos diez-quince segundos con cada pregunta antes de avanzar:

- ¿Cómo sientes en tu cuerpo la alegría? ¿Dónde la notas?
- ¿Qué otras sensaciones y emociones emergen en tu manera particular de vivenciar la alegría?
- ¿Cómo describirías con tus palabras aquello que llamas alegría?

Por favor, tómate unos minutos para describir qué te surge al hacerte estas preguntas, y te invitamos a escribir tus reflexiones antes de continuar con la lectura.

_____

_____

_____

_____

_____

_____

Cada uno de nosotros tiene las semillas de la alegría dentro de sí. Estas semillas pueden ser activadas al recibir una buena noticia, al alcanzar un logro, al compartir con un ser querido, al recibir un regalo o un gesto de cariño inesperado. Estas experiencias suelen generar una sensación de gozo en nuestro cuerpo, una sensación de amplitud y expansión emocional, un estado que más tarde llamamos alegría. La alegría es una morada que cada uno de los seres humanos (y también muchos otros animales) puede habitar. Los seres humanos tenemos la capacidad no solo de sentir la alegría, sino también de generar las condiciones para que esta dicha se vaya ampliando y crezca a lo largo del tiempo.

Habitar la morada de la alegría no implica dejar de sentir tristeza, rabia, apego o aversión. Somos seres ricos y complejos que sostenemos opuestos y contradicciones, sin embargo, la alegría tiene el potencial de ir ampliándose y haciéndose más disponible hasta permear nuestra vida cotidiana.

Hace unos dos mil cuatrocientos años, los griegos hicieron una distinción entre dos tipos cualitativamente diferentes de bienestar y sensaciones de alegría: la felicidad hedónica y el bienestar eudaimónico. La primera es un estado activo, movilizador, el cual se caracteriza por una dinámica de causa y efecto. Por ejemplo, si te comes un helado o un chocolate y eso te genera una sensación de disfrute (si es que te gustan los helados y los chocolates, por supuesto), reconoceríamos esta experiencia como felicidad hedónica. Podríamos decir que esta es la felicidad que surge de los estímulos placenteros (un sabor, un olor, un sonido, una experiencia táctil).

Por supuesto, el disfrute hedónico no tiene nada de negativo en sí mismo, es una fuente natural y necesaria de satisfacción. Es más, nuestro cuerpo está preparado y tiene la capacidad de responder y generar una sensación de gozo y placer, el cual se va reforzando, por ejemplo, gracias al sistema de recompensa dopaminérgico, el cual se activa en momentos de disfrute. El gozo y la alegría hedónicos permiten que nuestras vidas se vayan llenando de color.

El problema, por supuesto, no es el disfrute, sino más bien cuando comenzamos a necesitar mantenernos en este estado de permanente estimulación hedónica o cuando sentimos que nuestro bienestar depende de que el objeto externo que gatilla el placer esté disponible. Los seres humanos fácilmente podemos ir generando dependencia a lo que nos genera placer, ya que vamos depositando la confianza de nuestro bienestar emocional en algo externo a nosotros mismos y si lo que deseamos no está disponible, paradójicamente nuestra aparente fuente de felicidad se vuelve una causa de sufrimiento.

Es parte de la naturaleza de los estados hedónicos que se vayan atenuando. Por ejemplo, cuando un niño desea un juguete nuevo, puede anhelarlo y hablar por semanas del juguete y cuando llega el momento de tenerlo en sus manos se emociona, lo disfruta y por supuesto juega, sin embargo, a menudo la excitación por recibir el juguete nuevo se va diluyendo bastante rápido. La intensidad de la alegría inicial se va atenuando, y de pronto un nuevo estímulo captura su atención y el juguete largamente deseado pierde de un momento a otro su encanto inicial y simplemente pasa a un segundo plano. En los niños es muy evidente y abrupto el paso del entusiasmo inicial al desinterés y el olvido, y esto nos ocurre a todos en mayor o menor medida, debido a que es parte de la naturaleza del bienestar hedónico ir perdiendo su encanto.

De esta forma la felicidad hedónica, aunque es importante, tiene sus limitaciones: cuando algo externo es la fuente de bienestar, en algún momento ese algo se acaba o bien se acaba el deseo por ese algo. Podemos pasar del estado de bienestar inicial a un estado de insatisfacción producido por la ausencia del objeto deseado, y vivimos así la sensación del paraíso perdido, o bien el objeto sigue disponible pero ya resulta indiferente o molesto. Ya sea que se trate de un placer sensorial como una excelente comida, un gran concierto, un encuentro sexual satisfactorio, un reconocimiento que esperábamos por años, la naturaleza impermanente de la existencia hace que el bienestar hedónico vaya decayendo. Piensa por ejemplo cuando alcanzaste un logro significativo para ti que implicó hacer un importante sacrificio, ¿cuánto tiempo duró la alegría? Por ejemplo, al graduarte de secundaria, al alcanzar un logro deportivo, al casarte o terminar una tesis. Antes de conseguirlo quizás pensaste que logrando ese propósito no necesitarías nada más o que alcanzando el logro te sentirías realizado, sin embargo, la vida sigue su curso y pronto van apareciendo nuevos hitos en el camino y los logros alcanzados pasan al trasfondo. Aunque parezca evidente –aunque se nos olvida– todo en la vida tiene la marca de la impermanencia y la alegría producida por los eventos mismos tiene en su misma naturaleza el atenuarse y cambiar.

En cuanto al bienestar eudaimónico, que también es una fuente de alegría, está asociado a un estado de serenidad y calma sin la necesidad de tener un gatillante externo que lo genere. La felicidad eudaimónica es la que surge a partir de encarnar una vida que esté alineada con los propios valores. En este sentido, hablamos de un tipo de bienestar que surge no por lo que viene del mundo hacia nosotros, sino de lo que nosotros traemos al mundo a partir de nuestro autodescubrimiento y florecimiento como seres humanos.

En el bienestar eudaimónico nuestra actitud y disposición ante lo que ocurre juegan un rol crucial, abriendo incluso la posibilidad de alegrarnos sin que tenga que ocurrir algo placentero, de hecho, es posible generar bienestar eudaimónico en contextos carentes de bienestar hedónico, como lo demuestra la experiencia de Victor Frankl (2008) en el campo de concentración. Podemos generar bienestar eudaimónico al actuar en coherencia con lo que valoramos en la vida y también al apreciar lo que está disponible y que a menudo no vemos, como el milagro de estar vivos, despiertos y conscientes.

Puede ser valioso recordar no establecer dualismos rígidos entre lo hedónico y lo eudaimónico, en la vida cotidiana a menudo están conectados. Por ejemplo, cuando practicamos yoga o damos un paseo por la naturaleza, o cuando tenemos una conversación con alguien que queremos. Por suerte, hay muchas circunstancias donde el bienestar hedónico y eudaimónico están entrelazados. Es valioso que desarrollemos una visión inclusiva e interdependiente del bienestar y la alegría.

Si las fuentes de bienestar hedónico son numerosas, consideremos que se multiplican si logramos apreciar aquello de lo que disponemos en el momento presente, si cultivamos una actitud de conciencia y gratitud ante la vida. Para poder reconocerlo, y que no se nos pierda de vista entre tanto estímulo, es necesario hacer el ejercicio de ir soltando las expectativas, de reconocer que nunca las circunstancias son perfectas ni ideales y que podemos ir dirigiendo nuestra atención y valoración hacia lo bueno y lo bello que está disponible.

No se trata de resignarnos ni adoptar una postura pasiva. Se trata más bien de mirar, escuchar, oler y palpar lo que está ocurriendo en el momento presente, de no hipotecar la experiencia directa por esperar que las condiciones sean ideales e indagar en las fuentes de alegría disponible en las actuales circunstancias. Siempre habrá circunstancias que no nos agradan para nada y que quisiéramos cambiar, sin embargo, reconocer lo que hay (incluyendo lo positivo) es el primer paso para movilizarnos e intentar cambiar lo que queremos cambiar. La aceptación y el aprecio son así una plataforma para cultivar un mayor bienestar, y paradójicamente, estar demasiado centrados en la expectativa de una alegría futura puede impedirnos ver los recursos que ya tenemos disponibles y que pueden ser claves para cambiar lo que queremos cambiar.

Si nos preguntamos si podemos cultivar o facilitar el miedo o la ansiedad la respuesta es evidente: sí, es bastante fácil generar miedo en nosotros y en otros. Tenemos pocas dudas de que si realizamos determinadas acciones estaremos incrementando el temor o la ansiedad en nuestras vidas. Por ejemplo, si vemos una película de terror o si decidimos ver los noticiarios de la televisión antes de dormir, en ambos casos estaremos incrementando nuestros pensamientos rumiantes y emociones que nos pondrán en alerta.

En contraposición, cuando hablamos de la alegría curiosamente no solemos creer que funcione del mismo modo, sino que tendemos a creer que nuestra alegría solo se genera de manera espontánea y como una respuesta a eventos circunstanciales y fortuitos. Aunque nos parezca extraño asociar la alegría a nuestra voluntad, si miramos la alegría como una morada o un estado inconmensurable de nuestra mente, nos damos cuenta de que la alegría es un estado que puede ser cultivado conscientemente. En vez de esperar que la alegría nos llegue, podemos tomar un rol más activo en generar las condiciones que permitan que la alegría vaya anclándose en nuestro cuerpo y mente y se haga más disponible en lo cotidiano.

En la tradición budista, la palabra que traducimos como alegría es *mudita* y está asociada al reconocimiento de la alegría que ya está disponible en nuestra experiencia. También tiene la connotación de que podemos alegrarnos no solo por nosotros mismos, sino también por los demás. Por esta razón a menudo se la llama también «alegría empática», que es un gran antídoto a la envidia, los celos y la mente competitiva en general. Como dice el Dalái

Lama, si aprendiésemos a alegrarnos por la felicidad de otros, nuestra probabilidad de ser felices aumentaría ocho mil millones de veces.

La alegría, tal como la estamos describiendo, puede ser entendida como un estado de aprecio gratificante, e implica conectar con el bienestar que provoca el apreciar la vida transcurriendo en sus múltiples formas dentro y fuera de nosotros. Se trata de una alegría que no depende de que ocurra algo en especial, pero donde reconocemos lo especial que es que todo esté ocurriendo. Aunque este aprecio dichoso está a la mano, necesitamos ser activos en su cuidado para generar las condiciones idóneas para que crezca y se desarrolle. Tenemos que defenderlo. Mario Benedetti nos invita a defender la alegría en los siguientes versos:

Defender de la alegría como una trinchera
defenderla del escándalo y la rutina
de la miseria y los miserables
de las ausencias transitorias
y las definitivas...

defender la alegría como un derecho
defenderla de dios y del invierno
de las mayúsculas y de la muerte
de los apellidos y las lástimas
del azar
y también de la alegría
(Benedetti, 1979)

Tras estos versos quizás sea un buen momento para hacer una pausa e indagar en nuestra propia experiencia sobre la alegría, dándonos un tiempo para hacernos las siguientes preguntas e indagar qué respuestas emergen. Recuerda que no hay una manera correcta o incorrecta de responder, la invitación es simplemente indagar y reconocer cómo vivencias la alegría en tu vida:

¿Qué momentos o situaciones de tu vida actual te brindan alegría?

_____

_____

_____

_____

_____

_____

_____

_____

_____

_____

¿Podrías mencionar cuatro o cinco fuentes de alegría en tu vida?

_____

_____

_____

_____

_____

_____

_____

_____

_____

_____

¿Podrías hacer presente una experiencia concreta donde la alegría se manifestó en tu vida? (no importa si fue un momento breve o si ocurrió hace mucho tiempo)

_____

_____

_____

_____

_____

_____

_____

_____

_____

_____

_____

¿Cómo se manifiesta la alegría en ti? ¿Cómo describirías lo que le ocurre a tu cuerpo y a tu mente?

_____

_____

_____

_____

_____

_____

_____

_____

_____

_____

_____

EL RIESGO DE PONER A LA ALEGRÍA
COMO UNA META QUE ALCANZAR

Con demasiada frecuencia ponemos la alegría como un efecto esperado, como una meta que alcanzar. Decimos que cuando lleguemos a ser de un modo particular o tener algo que deseamos nos sentiremos realmente contentos, sin embargo, hay un alto riesgo de acostumbrarnos a vincular la alegría con un premio o una meta a la cual se llega. Esta alegría como expectativa se contrapone claramente al estado de bienestar eudaimónico del cual estábamos hablando y de alguna manera se puede transformar en un obstáculo.

«La alegría ya viene» decía un eslogan político chileno a inicio de los años noventa, aludiendo a la esperanza de un nuevo tiempo, una alegría que vendría después de un prolongado periodo de dictadura. Por supuesto que el eslogan fue movilizador e inspirador, sin embargo, generó también tan altas expectativas que muchas personas se sintieron frustradas con el paso de los años. Paradójicamente, la esperanza de una alegría terminó generando justamente lo contrario, desencanto. La esperanza de la alegría suele ser un consuelo poderoso ante situaciones adversas que vivimos en el momento presente y tienen el potencial de movilizarnos, sin embargo, el poner la alegría como una expectativa puede contribuir a que no haya precisamente alegría, sino más bien frustración y decepción.

Un riesgo de situar la alegría en el futuro es que dejamos de percibir la alegría que ya está disponible en el momento presente. Es como salir a buscar las llaves de la alegría en el exterior, y dejamos de buscarlas en nuestros propios bolsillos, que es donde precisamente están. Por esperar lo extraordinario dejamos de percibir y apreciar lo cotidiano, que mirado con más cuidado es genuinamente extraordinario. Thich Nhat Hanh lo expresa poéticamente cuando señala: «Las personas consideran que caminar sobre el agua o en el aire es un milagro, pero yo creo que el verdadero milagro es caminar sobre la tierra» (Nhat Hanh, 1975, p. 12). En el mismo sentido y conectando con el valor que tiene lo que existe y está disponible, Wittgenstein afirma: «Lo místico no es *cómo* el mundo es, sino *que* es» (Wittgenstein, 1921/2012, 6.44).

Si nos detenemos a observar nuestras propias vidas, hay muchas fuentes de alegría disponibles, por ejemplo: tener un cuerpo relativa o completamente saludable, tener ojos, manos, pies, y tantos otros órganos que trabajan sin que lo percibamos; también tenemos la suerte de disponer de alimentos, de un techo, de contemplar el cielo y de ver la sonrisa de un niño, observar una flor o un atardecer y un largo etcétera. Todas estas son fuentes de alegría si estamos presentes y estamos dispuestos a entrar en contacto con ellas.

Quizás uno de los grandes obstáculos para tocar la alegría está en dar las cosas por sentadas. Quizás el mayor riesgo para dejar de sentir alegría no sea, como podríamos creer, caer en la tristeza o en la melancolía, sino más bien caer en la desidia y en la obviedad. La indiferencia y la trivialización de la vida cotidiana son obstáculos difíciles de afrontar, porque las cosas y las experiencias se vuelven comunes y las naturalizamos. Martín Heidegger señalaba que lo primero que encontramos en la experiencia no es lo inmediato, sino lo ya sabido (Heidegger, 2005).

Cuando estábamos estudiando en la universidad tuvimos un profesor que afirmaba que una de las palabras más peligrosas de nuestro idioma era la palabra *obvio*. Cuando la pronunciamos dejamos de ver, dejamos de aprender y admirar. Ante esto tenemos que hacer un trabajo curioso y nada habitual de desnaturalizar lo que nos parece evidente, recuperando la mirada de principiante para conectar con mayor claridad con aquello que se nos aparece como presente ante los ojos.

EL APRECIO COMO CAMINO A LA ALEGRÍA

Podemos pensar que existen diversas maneras de interpretar la experiencia, una de ellas es desde lo que podríamos denominar el paradigma defectivo, donde ponemos el foco de nuestra atención en aquello que nos falta por conseguir, en la carencia. Basta con hacer el ejercicio de pensar en todo lo que creemos que no tenemos y que podría hacernos felices, quizá una casa, estudios, pareja, tener hijos o no tenerlos.

Los seres humanos tenemos la asombrosa capacidad de fantasear con todo lo que no tenemos y quisiéramos tener, y funcionar con este patrón habitual puede ir generando una sensación de carencia. Basta con pensar en la ropa, la casa, los libros o la relación que no tenemos y que pensamos que necesitamos tener, para sentirnos inmediatamente insatisfechos y carentes.

Cuando hacemos emerger en nuestra mente un estado futuro deseado, y desde ahí miramos nuestro presente y nos sentimos insatisfechos, nos olvidamos de que hay un truco en todo esto. El objeto, la relación o el futuro anhelado están idealizados, inmaculados, estáticos, como si estuvieran en una vitrina, sin contexto. Sin embargo, la experiencia real no existe de esa forma, pues todo lo vivo y presente es corporeizado, tiene movimiento, es complejo y tiene contexto, y habitualmente no se amolda a nuestras ideas predefinidas. Ratificamos nuestro deseo proyectado hacia el futuro como un ideal, que también es influido fuertemente por nuestra cultura y por una potente maquinaria de *marketing* cada vez más sofisticada y personalizada. Podemos vivir tan inmersos en esta perspectiva que se nos vuelve obvia, natural, olvidándonos que es solo una convención, una posibilidad entre muchas otras. La distancia entre el ideal fantaseado y lo real es una brecha de decepción.

A esta mirada la podemos denominar la perspectiva del déficit o de la carencia, porque hay una brecha de decepción entre el estado deseado y el estado presente, donde nos encontramos. Por suerte, la perspectiva del déficit no es la única posibilidad, pues tenemos la opción de cuestionar su lógica implícita y buscar una alternativa.

Una alternativa que cuestiona la lógica del déficit es el paradigma apreciativo, el cual nos invita a poner nuestra atención en lo que tenemos y quienes somos y valorarlo primariamente. Este aprecio puede ir generando un estado de mayor satisfacción, alegría y bienestar. Esto no implica asumir una mirada ingenua ni desconocer que hay aspectos que nos gustaría cambiar de nuestra experiencia y que muchas veces es importante hacerlo. La perspectiva apreciativa implica reconocer y apreciar lo que ya tenemos disponible, y desde lo que ya funciona ampliar nuestras posibilidades.

Probablemente la perspectiva del déficit es reforzada por el sesgo negativo del cerebro, el cual por el imperativo de la supervivencia evolucionó para percibir con mayor claridad y rapidez aquello que interpretamos como amenazante que aquello que anda bien. Por ejemplo, cuando vamos al almacén y al comprar percibimos que nos tratan mal, recordamos esa situación con detalles y claridad, sin embargo, percibimos con mucha menos claridad todas las otras ocasiones que nos atendieron bien. Basta con preguntarnos: si vamos diez veces al almacén y nueve veces nos atienden bien y una vez nos atienden mal, ¿de cuál nos acordamos con mayor detalle y precisión?

La buena noticia es que esto es un sesgo, no refleja cómo son las cosas, simplemente refleja más bien cómo percibimos de acuerdo a nuestros hábitos mentales. Por suerte hay maneras de contrarrestar este sesgo negativo y una de ellas es precisamente poner el foco de nuestra atención en aquello que funciona, cultivando una mirada apreciativa. Podemos elegir apreciar lo que tenemos y quien somos, podemos saborear los regalos que trae el habitar en el momento presente y podemos ir generando las condiciones para que esta alegría siga creciendo en nuestras vidas y en la vida de los demás.

Desde la perspectiva apreciativa ya somos suficiente, no en un sentido de que no haya nada más que aprender o mejorar, sino de valorar la maravillosa vida humana que tenemos. Cultivar el aprecio es una manera hábil de dejar de perseguir la alegría que está en un lugar diferente al momento presente.

No solo nos alegramos por lo que somos y lo que tenemos, también podemos alegrarnos por la felicidad y bienestar de los demás. A esto llamamos alegría empática.

ALEGRÍA EMPÁTICA, ALEGRARNOS POR EL BIENESTAR DE LOS DEMÁS

Pena compartida es media pena,
alegría compartida es doble alegría.

—Refrán popular chileno

La alegría no es solo una emoción individual, sino que también tiene un contexto relacional, donde la presencia de otras personas nos influye y afecta. Los humanos somos continuamente tocados emocionalmente por la presencia de los otros, por sus alegrías y tristezas. Tenemos la capacidad de ver al otro como un legítimo otro y comprender sus vivencias nos abre la posibilidad de desarrollar la alegría empática.

Uno de los mecanismos habituales de relacionarnos con los demás es ponerles sobre nosotros mismos (y sentirnos inferiores) o poner a los demás por debajo de nosotros (y así nos sentimos superiores), lo cual fomenta la relación de competencia y el distanciamiento. La alegría empática en cambio nos permite desactivar este mecanismo de comparación y promueve un sentido de conexión, aprecio y valoración de quienes nos rodean.

Del mismo modo como podemos empatizar con una persona que está viviendo un momento difícil, podemos también alegrarnos ante sus logros y sentirnos contentos por el bienestar alcanzado por los demás. Cultivar este anhelo de que a los demás les vaya bien en sus vidas genera recíprocamente un sentimiento de bienestar en nosotros.

Ampliando esta práctica, podemos desearle el bien también a las personas con las cuales hemos tenido alguna dificultad, lo cual abre nuevas posibilidades y contrarresta la clausura emocional que ocurre cuando tenemos un sentimiento de rencor hacia otra persona.

Cultivar la alegría empática es un antídoto ante el sentimiento de envidia y distanciamiento emocional que nos generan las emociones difíciles (miedo, celos envidia, ira). Podemos alegrarnos por lo bueno que le ocurre a los demás, incluso con lo bueno que le ocurre a alguien con quien hemos tenido alguna dificultad, porque si la persona con quien tuvimos una dificultad se siente dichosa, es probable también que disminuya su sufrimiento y consecutivamente deje de generar sufrimiento a los demás.

Por paradójico que parezca, canalizar la alegría empática hacia una persona con quien hemos tenido un conflicto beneficia primariamente a quien cultiva esta intención, y secundariamente a la otra persona. La alegría empática contribuye a cuidar la relación, al menos no promoviendo más sentimientos de rencor. En cambio, desearle mal a una persona o alimentar el resentimiento, la ira o el miedo, afectan en primer lugar a quien experimenta estas emociones. Una metáfora budista lo ilustra de un modo gráfico, cultivar la ira hacia alguien es como tomar veneno esperando hacerle daño al otro. No es difícil ver quién es el primer perjudicado si cultivamos el resentimiento, los celos y la envidia hacia otras personas ¿verdad?

Considerando la perspectiva de los enemigos cercanos y lejanos de la alegría, podemos reconocer que su enemigo lejano es la tristeza, es su opuesto emocional, pero más profundamente, los enemigos lejanos de la alegría empática son la envidia y los celos, ya que generan intranquilidad e insatisfacción ante lo que los demás tienen o como son. Cuando sentimos envidia, nuestra mente está en una competencia, percibimos una brecha situados en el paradigma del déficit, lo cual nos hace sentir intranquilos e insatisfechos.

Por otro lado, el enemigo cercano de la alegría, el cual se le parece, pero que, sin embargo, nos produce sufrimiento es la euforia o la manía, una especie de alegría exacerbada que carece de ecuanimidad y de una paz sentida, y por ende nos desequilibra. Podríamos decir que la euforia es una pseudoalegría con escasa o nula estabilidad y conexión. En un extremo podemos llegar a perder nuestro sentido de realidad y nos perdemos a nosotros mismos cuando estamos en un estado eufórico. La euforia es una emoción que nos arrastra, nos impulsa y nos saca de nuestro centro y también puede provocar sufrimiento a los demás, por ejemplo, cuando adoptamos conductas de riesgo, conduciendo un coche a alta velocidad, o arriesgamos todo nuestro dinero apostando en un casino.

La buena noticia que podemos sacar en limpio es que podemos cultivar el estado inconmensurable de la alegría, sin caer en la euforia, regando las semillas de la gratitud, el aprecio, el autoaprecio y la alegría empática, alegrándonos por los demás, incluyendo a las personas con quienes hemos tenido alguna dificultad.

Podemos volver a la alegría como una morada en nuestra vida cotidiana, y para comenzar a hacerlo te proponemos las siguientes dos prácticas.

PRÁCTICA 11: Cultivando la gratitud y el autoaprecio

El propósito de la siguiente práctica es conectar con la gratitud y el autoaprecio, reconociéndolas como fuentes disponibles de alegría.

- Para comenzar te invitamos a buscar lápiz y papel, y a realizar un listado sencillo, pero honesto, de aquellos aspectos que valoras de tu vida, no importando si los consideras pequeños, medianos o grandes. ¿Qué te hace sentir agradecida/o hoy? Puedes incluir tanto cosas concretas como aspectos más sutiles, por ejemplo, tener la posibilidad de conectar con algún ser querido, tener un techo sobre tu cabeza, tener Internet, disponer de agua potable, alimentos, etc.
- Posteriormente, te invitamos a reconocer, sin falsa modestia, algunas características que aprecies de ti. A veces podemos sentir vergüenza de valorar quienes somos y las cualidades que identifiquemos, sin embargo, no se trata de reforzar o fortalecer tu ego, sino de apreciar lo que percibes como valioso en ti, no porque seas mejor que otros, sino más bien reconociendo que eres afortunado/a de ser quienes eres y porque te has construido en relación a otros. Para no tomarnos de un modo autocentrado esta práctica, podemos recordar que tanto lo que tenemos como quienes somos en gran medida no es mérito nuestro, sino que es mérito de muchas otras personas y de condiciones que van más allá de nosotros. Por ejemplo, basta recordar que si valoramos tener salud o tener un cuerpo sano, esto no es solo fruto de nuestras acciones, también es gracias al cuidado y al legado de nuestros ancestros.

Para registrar tus respuestas te invitamos a utilizar la siguiente tabla:

GRATITUD ¿Qué agradezco y aprecio en mi vida?	AUTOAPRECIO ¿Qué aprecio de mí?

Después de registrar tus respuestas, te invitamos a releer lo que hayas escrito y tomarte un momento para responder a las siguientes preguntas: ¿Escribiste algo que te sorprendiera? ¿Te diste cuenta de algo en particular? ¿Llegas a alguna conclusión personal después de realizar esta práctica?

Te invitamos a escribirlo también.

DARME CUENTA ¿De qué me doy cuenta al escribir lo que agradezco y lo que aprecio de mí?

La gratitud y el autoaprecio son fuentes intrínsecas de alegría, no necesitamos que ocurran eventos extraordinarios para alegrarnos, sino que se trata más bien de detenernos un momento y aplicar nuestra mirada apreciativa para reconocer aquello que anda bien. Recordemos que una persona que se quiere a sí misma celebra y aprecia a otros, no son dos aspectos que se contrapongan, si tus cualidades positivas brillan también es para ayudar a los demás.

PRÁCTICA 12: Cultivando nuestra alegría empática

Encontrarás las instrucciones completas de esta práctica en un audio que podrás oír y descargar en la web de Editorial Sirio. Para acceder a este archivo debes entrar en www.editorialsirio.com, seleccionar la ficha de este libro escribiendo el título en la barra de búsqueda y, una vez ahí, verás los audios en la sección de «Audios relacionados».*

Así como podemos sentir gratitud y aprecio por nosotros mismos, también podemos promover activamente nuestra alegría empática.

Te invitamos a traer a tu mente a una persona con quien hayas tenido alguna dificultad y vamos a promover el cultivo de una intención de benevolencia hacia esta persona. La invitación de esta práctica no es a forzar nada, solo buscamos abrirnos a la posibilidad de desearle que le vaya bien y permitirnos a nosotros mismos sentir alegría por esa persona.

- Antes de comenzar, es importante que sepas que en la siguiente práctica vamos a evocar a alguien con quien hemos tenido alguna dificultad. No realices este ejercicio con alguien con quien hayas vivido una situación especialmente dolorosa o traumática, sino más bien busca a alguien con quien tuviste algún conflicto, pero solo si

---

* N. del E.: En caso de incidencia puedes escribir a sirio@editorialsirio.com

reconoces que puedes manejar la situación y sientes que de algún modo has salido adelante.

- Te invitamos a que adoptes una postura de dignidad, con tu espalda erguida pero no rígida, dedica por favor algunos momentos a entrar en contacto con la postura y también con el contexto en el cual te encuentras, escuchando los sonidos y el silencio de tu entorno.

- Poco a poco, puedes sentir el ritmo natural de tu respiración sin buscar alterarlo. También toma consciencia de tu cuerpo, habitándolo, sintiendo sus diferentes partes y soltando las tensiones innecesarias que detectes.

- Cuando te sientas preparada/o, te invitamos a que puedas traer a tu mente a una persona con quien hayas tenido alguna dificultad. Te animamos a abrirte a la posibilidad de ver con atención a esa persona, verla con el mayor detalle posible, quizás ver su rostro, su mirada, sus gestos. Te invitamos a entrar en contacto con la presencia de esa persona, verla tal cual emerge.

- Imagínatela a una distancia que sea cómoda y segura para ti.

- Tras verla por algunos segundos, por favor dedica unos momentos a reconocer que esta persona, al igual que tú, está expuesta a las dificultades que trae la vida, y seguro se ha sentido vulnerable en momentos de su vida, como te has sentido tú.

- Puedes reconocer también que, aun cuando no hayáis coincidido u os hayáis disgustado, esta persona seguramente tiene algunas cualidades positivas. Incluir alguna cualidad positiva no niega que nos ha generado malestar, ni tampoco invalida nuestra tristeza o enojo, solo pretendemos ampliar el horizonte de nuestra comprensión.

- Ahora imagina que esta persona ha recibido una muy buena noticia, una noticia que le brinda alegría, tranquilidad y paz. Puede ser que consiguiera algo que anhelaba. Imagina por un momento que eso le brinda una alegría y una paz genuinas.

- Fíjate qué te pasa a ti con este escenario, abriéndote a darte cuenta de lo que sea que emerja. Puede que surja algún sentimiento de malestar, o sensación de injusticia, o quizás también evoque en ti un sentimiento de alegría porque la otra persona se sienta más liberada.

- Reconociendo cómo te sientes, te invitamos a explorar la posibilidad de generar el deseo de que a esta persona le vaya bien en su vida, de que pueda sentirse alegre en su vida. ¿Ves viable desearle que le vaya bien? ¿Qué sensaciones y pensamientos emergen si te abres a esta posibilidad? ¿Podrías darte permiso para sentirlo en tu cuerpo por unos momentos?

- Si esta persona se sintiera genuinamente contenta en su vida, ¿perderías tú algo valioso? ¿De qué manera el bienestar de esta persona podría afectar tu bienestar? Permítete explorar en tu experiencia estas preguntas.

- Poco a poco, te invitamos a ir volviendo amablemente a tu cuerpo y a tu respiración. Puedes ir despidiéndote de esta práctica, agradeciéndote a ti misma/o el haber entrado en un contacto constructivo con una persona con la cual tuviste una dificultad.

- Lentamente, puedes ir volviendo a tomar consciencia del momento presente, tomando consciencia de tu cuerpo y de tu respiración.

- Finalmente, te invitamos a tomarte unos pocos minutos para indagar en tu experiencia con un poco más de detalle.

PREGUNTAS	RESPUESTAS
1. ¿Cuál fue tu primera reacción emocional y física al evocar a la persona con quien tuviste una dificultad? ¿En qué lo notas?	

PREGUNTAS	RESPUESTAS
2. ¿Qué sentiste cuando te abriste a la posibilidad de que la persona difícil recibiera una noticia que le brindara alegría y paz?	
3. ¿Qué surgió en tu experiencia al desearle que le fuera bien y que tuviera una buena vida?	
4. ¿Cómo afecta a tu propia alegría que la otra persona alcance un bienestar genuino?	
5. ¿Hay algo de lo que te hayas dado cuenta que quisieras registrar?	

Cultivar la intención benevolente de desearle que le vaya bien a una persona con quien hemos tenido una dificultad resulta contraintuitivo, sin embargo, abre la posibilidad de trabajar de manera directa la alegría empática, precisamente con una de las personas con quien más necesitamos hacerlo. Puede ser valioso recordar que el primer beneficiado al poner en práctica la alegría empática es uno mismo.

Al concluir este capítulo compartimos unos fragmentos del poema de Thich Nhat Hanh titulado «Las buenas noticias», que son una invitación a apreciar lo bueno de lo que ya disponemos.

Las buenas noticias son que estás vivo,
que el tilo continúa todavía ahí, firme en el duro invierno.
La buena noticia es que tienes unos ojos maravillosos para tocar el cielo azul.
Las buenas noticias son que tu hijo está ahí delante de ti
y que tus brazos están disponibles: es posible abrazarse...
Deja atrás el mundo de la pena, de la preocupación, y sé libre.
La última buena noticia es que puedes hacerlo.
(Nhat Hanh, 2001, p. 202)

Capítulo 7

La compasión

*Tu dolor es el quiebre de la cáscara
que encierra tu comprensión.*

–Khalil Gibrán

Imagina que estás atravesando el dolor del fin de una relación y estás viajando en un avión por algunas horas y no puedes dejar de llorar desde el despegue hasta el aterrizaje. A tu lado va sentado un desconocido que nota que estás llorando, de hecho, sería difícil no notarlo. El desconocido no te pregunta ni te dice nada en todo el viaje, tampoco trata de averiguar qué te pasa ni hace nada extraordinario. Simplemente, de manera discreta y amable, durante todo el vuelo te va ofreciendo pañuelitos de papel cuando nota que se te han acabado.

Esta fue la imagen que vino a la mente de una alumna de enfermería cuando pedimos a toda su clase que buscaran en su mente algún recuerdo de una experiencia compasiva. Otro alumno recordó la sensación física y emocional de sostener la mano de su madre en el funeral de su abuela materna. Después de comentar brevemente que la relación con su madre no ha sido una relación fácil o cálida, recordó ese momento ocurrido hace algunos años en que él sostuvo con compasión la mano de ella mientras el ataúd de su abuela descendía lentamente dentro de la tierra. Él sintió en ese momento que todo su ser estaba inundado del deseo de confortar y cuidar el dolor de su madre.

Un veterinario, después de curar una herida y vendar la pata de un perro dálmata, pinta pacientemente con un marcador lunares negros sobre el vendaje blanco para facilitar la adaptación del animal a su vendaje. Un padre cansado y con los párpados cayéndosele de sueño, lee por milésima vez el cuento favorito de su hija al final del día. Una mujer se encadena a una secuoya de cuatrocientos años que corre el riesgo de ser cortada junto al bosque que la rodea por una empresa forestal. Un joven camina con su guitarra en el hombro rumbo a un hogar de ancianos para recrear el ritual semanal de ofrecer canciones a un grupo de abuelos que ya lo espera. Un bombero entra, con algo de temor, pero con total determinación a un edificio en llamas para rescatar a un niño que está atrapado en el segundo piso. Una chica toca la puerta de una mujer mayor que vive en su mismo edificio y le pregunta con una sonrisa amplia si necesita que le traiga algo del supermercado.

¿Qué tienen en común todas estas experiencias?... ¿Y qué sería de la vida sin ellas?

La compasión, nuestra cuarta morada y estado inconmensurable de la mente/corazón, es lo que está detrás de esos gestos, que van tejiendo una red invisible de cuidado que nos sostiene a todos. Podemos notar que no es una emoción lo que une esas experiencias, ya que probablemente la emoción del bombero entrando al edificio en llamas o del activista oponiéndose a la deforestación no es la misma emoción de quien sostiene la mano de alguien que está atravesando un duelo. Lo que tienen en común esas experiencias es la capacidad de ver el sufrimiento y la motivación de aliviarlo.

PRÁCTICA 13: ¿Qué es la compasión para ti?

Trae a tu mente el recuerdo de una situación en la que sientas que la compasión estuvo presente. Tómate tu tiempo para dejar que surja un recuerdo. Puede ser una situación en la que alguien te ofreció su compasión en un momento en el que estabas pasando por alguna dificultad, o puede ser un momento en el que tú ofreciste compasión a alguien que lo requería. Puede ser algo que haya ocurrido recientemente o hace mucho tiempo.

Cuando hayas elegido un recuerdo concreto, deja que venga a tu mente con todos sus detalles, como si lo estuvieras viviendo ahora. ¿Qué estaba ocurriendo? ¿Qué estabais haciendo tú y la otra persona? ¿Hubo palabras? ¿Hubo silencios? ¿Cuál era la calidad de ese silencio o de las palabras que se decían? ¿Cómo se siente la experiencia de la compasión en tu mente y en tu cuerpo? Finalmente, ¿cómo sabes que esto es compasión?

Tómate un momento para escribir sobre lo que hayas notado.

_____

_____

_____

_____

_____

_____

_____

_____

_____

_____

_____

_____

COMPRENDIENDO LA COMPASIÓN

La compasión es el temblor del corazón sensible frente a la percepción de sufrimiento, que se une al coraje y la sabiduría de actuar para intentar aliviarlo o prevenirlo. La compasión es una de las experiencias más profundas y sanadoras en una vida humana, ya que es aquello que nos permite entrar en contacto con lo que es difícil, incómodo, amenazante y doloroso, trayendo una visión constructiva y la motivación de ser de ayuda.

La definición de compasión que usamos habitualmente en psicoterapia y en el entrenamiento en compasión es la siguiente:

Compasión es la sensibilidad al sufrimiento propio y de los demás, unida a la motivación de aliviarlo y prevenirlo.

Esta es una definición que pone de relevancia, por un lado, la posibilidad de darse cuenta de que hay sufrimiento y estar dispuesto a estar en contacto con él (sensibilidad y coraje), y, por otro lado, la determinación de contribuir a aliviarlo o prevenirlo (motivación compasiva). Podemos encontrar definiciones análogas no solo en las investigaciones actuales sobre compasión en psicología y neurociencias, sino también en las enseñanzas budistas. Por ejemplo, Tenzin Gyatso, el decimocuarto Dalái Lama, suele decir que la compasión no solo es el corazón del budismo mahayana, sino que también debería constituir el eje de una ética secular (Lama, 2001). La compasión, según el Dalái Lama, es una actitud que no solo desea que los demás se liberen de su sufrimiento, sino que también está asociada a un sentido de compromiso, responsabilidad y respeto hacia el otro. El Dalái Lama también ha afirmado: «Si quieres que los demás sean felices, practica la compasión. Si quieres ser feliz, practica la compasión». (Lama & Cutler, 2010).

Pero ¿por qué practicar la compasión habría de hacernos felices? Para responder esto necesitamos mirarla un poco más de cerca.

La compasión es una respuesta *multitexturada* al sufrimiento: incluye emociones, pero no es solo una emoción; incluye conductas, pero no es solo una conducta; incluye pensamientos, pero no es solo un pensamiento. Podríamos decir que es una respuesta rica y compleja frente al sufrimiento, que nos permite transformar aquello que es difícil en algo significativo. Para explorar ese punto, queremos compartir un modelo de la compasión que incluye seis aspectos interrelacionados. Aunque los modelos no son la realidad y los mapas no son los territorios, también es cierto que un buen mapa nos permite recorrer mejor un territorio y poder ver aspectos que podrían pasar desapercibidos a simple vista. Este mapa de los componentes de la compasión nos permite ver más de cerca los diferentes aspectos entrenables de esta.

Componentes de la compasión

Percepción del sufrimiento

El primer elemento del proceso de la compasión es el tomar conciencia, el darse cuenta de que el sufrimiento está presente. Si no somos conscientes del sufrimiento que estamos causando a otras especies, ¿cómo podría surgir la compasión hacia aquellas especies? Si no somos conscientes del sufrimiento que genera la violencia de género, ¿cómo podríamos combatirla? Si no nos damos cuenta del impacto dañino de nuestro hábito de autocriticarnos destructivamente, ¿cómo podríamos generar la autocompasión y cambiar la forma en que nos tratamos en la intimidad de nuestra mente? El punto aquí es simple pero profundo: no podemos aliviar un sufrimiento del cual no somos conscientes, y para ser conscientes necesitamos estar atentos a nuestra experiencia, desarrollar mindfulness o atención plena de lo que está ocurriendo en nuestra experiencia interna y en nuestra interacción con los otros y con el mundo. Thich Nhat Hanh lo expresaba en la siguiente sentencia: «La compasión solo es posible cuando la comprensión está presente» (Nhat Hanh, 2007).

Los seres humanos somos notables en nuestra capacidad de *no darnos cuenta y no querer ver* lo que está ocurriendo, como lo comentamos respecto al obstáculo de la ignorancia y la desconexión. Un ejemplo paradigmático y contemporáneo es la negación masiva por décadas de la crisis climática que hemos generado como especie, incluso contando con evidencia científica contundente al respecto. En un ejemplo quizás más cercano, es muy claro que los seres humanos somos capaces de convivir con alguien sin enterarnos de su sufrimiento o incluso tenemos la capacidad de ignorar nuestro propio sufrimiento, más aún en tiempos en los que tenemos cada vez más y mejores maneras de distraernos.

Por eso la práctica de mindfulness es una gran aliada para el cultivo de la compasión, ya que aumenta nuestra capacidad de estar presentes con lo que está ocurriendo dentro y fuera de nosotros y, por tanto, nos ayuda a afinar nuestra atención a cuando el sufrimiento está presente. De esta forma, mindfulness o atención plena, entendida como la capacidad de estar con la experiencia presente y redirigir voluntariamente la mente divagante a la experiencia cuando nos hemos distraído, en sí misma no genera compasión, sin embargo, ayuda a desarrollar la experiencia compasiva, al ayudarnos a conectar con la realidad del sufrimiento. En otras palabras, mindfulness es un componente necesario para la compasión, pero la compasión debe ser cultivada intencional y explícitamente para ser desarrollada (Brito-Pons, Campos & Cebolla, 2018; Singer & Engert, 2019).

Resonar empáticamente

Un segundo componente relevante en la experiencia de la compasión y que va un paso más allá del mero darse cuenta de que hay sufrimiento, consiste en la resonancia empática, el *ser tocados por el sufrimiento que percibimos*. En la tradición budista, a veces se describe este componente de la compasión como el «temblor del corazón ante la percepción del sufrimiento» (Feldman, 2017; Salzberg, 1995) sin el cual difícilmente surja la motivación de ofrecer ayuda. Podemos ser conscientes del sufrimiento de otro ser humano o animal y no generar esa resonancia empática que ofrece el significado emocional a la experiencia percibida. Los humanos tenemos la capacidad de ser conscientes del sufrimiento de un otro y no ser conmovidos por ese sufrimiento, incluso podemos alegrarnos del sufrimiento del otro cuando el otro es percibido como un enemigo o un competidor (por ejemplo, en el idioma alemán existe la palabra *schadenfreude* para describir el sentimiento de alegría ante el sufrimiento de otro).

Sin embargo, quizás el mayor obstáculo a la compasión no sea *schadenfreude* o directamente la crueldad (desear el sufrimiento de un otro). Probablemente el obstáculo más grande a la compasión sea la indiferencia. Muchos hemos desarrollado una piel gruesa donde no penetra el sufrimiento de los otros. De manera muy apta, el idioma inglés tiene la palabra *callousness* para designar esta indiferencia hacia el sufrimiento de los demás. Este tipo de indiferencia es realmente como una callosidad del corazón que impide que el sufrimiento nos conmueva. Esta callosidad e indiferencia se alimenta de la deshumanización o infrahumanización (percibir a los otros como menos humanos que yo o los de mi grupo), y también de la sobreabundancia de información que recibimos a través de los medios, una avalancha de información que nos acaba anestesiando y transmitiendo la sensación de que toda la información está al mismo nivel y nosotros somos demasiado pequeños como para contribuir de manera significativa.

El 3 de octubre de 2013 la conciencia moral de Europa fue sacudida por la muerte de trescientos sesenta y ocho refugiados y emigrantes africanos que se ahogaron a menos de una milla de la isla italiana de Lampedusa. El 2 de septiembre de 2015 un nuevo sacudón de esa sensibilidad dio la vuelta al globo, esta vez gatillada por la potente fotografía del cuerpo del pequeño Aylán Kurdi, el niño sirio de pantalón azul y camiseta roja encontrado muerto en la orilla de la costa suroeste de Turquía. Aylán había muerto junto a su hermano y su madre en su huida de una interminable guerra en Siria para buscar un destino mejor en Europa. Pese a que estas tragedias han movilizado importantes iniciativas humanitarias, lo cierto es que entre la tragedia de Lampedusa el 2013 y el inicio de 2022 han fallecido más de veinte mil personas en el Mediterráneo en su viaje en búsqueda de refugio y asilo. En palabras de Joan Manuel Serrat, autor de la canción *Mediterráneo*: «El que ha sido siempre un puente, un difusor de culturas, en estos momentos es un cementerio. En el último año [refiriéndose al año 2016] ha recibido cuatro mil quinientos cadáveres, cuatro mil quinientas personas ahogadas en el Mediterráneo, tratando de encontrar un lugar donde meter la vida» (diario *El Financiero*, 2017).

¿Por qué los noticiarios no están hablando de todas estas muertes? ¿Por qué están normalizadas y viven en el trasfondo de nuestra conciencia? Si los muertos fuesen europeos o norteamericanos, ¿habría el mismo silencio mediático al respecto? Lo cierto es que en el relato de los medios parece haber algunas vidas (y muertes) más relevantes que otras. Nuestra indiferencia colectiva hacia el destino de los migrantes sugiere un proceso de infrahumanización, de no ver al migrante como un ser plenamente humano que «tal como yo» desea y merece ser feliz y estar libre del sufrimiento. Naturalmente este fenómeno tribal de infrahumanización del migrante no es solo europeo, también lo hemos visto coloridamente desplegado en Estados Unidos y en Chile con el racismo y rechazo de algunos sectores a los hermanos venezolanos, haitianos, bolivianos y peruanos.

El proceso del cultivo de la compasión nos impele precisamente a ir limando esa callosidad en torno al corazón, para permitirnos ser tocados por el sufrimiento y el destino de otros, desde la comprensión de que nuestra vida no está fundamentalmente separada de la vida de los demás. Por eso, un punto clave en el cultivo de la compasión es el reconocimiento de aquello que nos conecta con los otros, aquello que compartimos, y que nos es común. A eso lo llamamos *el reconocimiento de nuestra humanidad compartida*, que es un concepto y una práctica clave en cualquier entrenamiento en compasión. Si no nos damos cuenta de que, más allá de nuestras diferencias de color de piel, pensamiento político, orientación sexual, creencias religiosas, somos todos miembros de una misma raza humana, habitantes de este pequeño y frágil punto azul que flota en la inmensidad del universo, no podremos generar esa resonancia empática desde la cual surja la intención de ser de ayuda para los demás y, por tanto, nunca podremos sentirnos seguros. Es la sensación de conexión y pertenencia la que nos permite salir de la sensación de amenaza y sentirnos suficientemente seguros para amar la vida.

La motivación compasiva

Un tercer componente de la compasión es el deseo genuino de aportar alivio del sufrimiento que percibimos y con el cual resonamos. Aquí vamos un paso más allá de la percepción y la resonancia con el sufrimiento e incluimos la visión creativa del alivio y prevención del mismo. En otras palabras, para la compasión no basta saber del sufrimiento y poder resonar con él, sino que necesita también incluir el deseo y la motivación de ayudar a aliviar dicho sufrimiento.

A veces este componente puede desglosarse en un componente intencional, que es el deseo de que exista alivio («ojalá puedas estar libre del sufrimiento») y el componente motivacional, la determinación de hacer algo al respecto («qué puedo hacer yo para ayudar a aliviar y prevenir este sufrimiento»). Es este componente intencional y motivacional de la compasión el que nos permite no quedarnos atrapados en el dolor del sufrimiento, al generar un espacio de posibilidad en la mente y eventualmente en la realidad, buscando el mejor escenario posible dadas las circunstancias. Este componente de la compasión se podría expresar de esta manera: «Reconociendo claramente lo difícil de esta situación, ¿qué es lo más sabio que puedo hacer para aliviar o prevenir este sufrimiento?».

Cuando nos quedamos en la resonancia empática sin pasar a la intención y motivación compasiva podemos sentirnos agobiados por el dolor que percibimos. La investigación sobre la empatía ha demostrado que es la empatía, y no la compasión, la que puede conducir al distrés empático (el agotamiento que se produce por angustiarnos frente el sufrimiento de un otro), el cual a la larga conduce al agotamiento de nuestros recursos internos (Klimecki & Singer, 2012). Esto es particularmente relevante para quienes se desempeñan en labores de ayuda y cuidado, ya que están constantemente expuestos al sufrimiento de los pacientes y sus familiares.

Un equipo de investigadores liderados por Tania Singer del Instituto Max Planck en Leipzig realizó una investigación para evaluar si el entrenamiento en la compasión tendría un efecto en las funciones cerebrales y en las emociones, estos investigadores midieron la activación cerebral en adultos a través de imagenología cerebral (fMRI), junto con test psicológicos para evaluar cambios en emociones positivas y negativas y en la empatía antes y después de un entrenamiento de solo seis horas en la meditación del amor incondicional y la compasión. El grupo de control recibió un entrenamiento para agilizar la memoria. Las imágenes del cerebro fueron grabadas mientras se les mostraban a los participantes videoclips de personas sufriendo en situaciones de la vida real.

Como los investigadores habían previsto, los videoclips activaron la ínsula anterior y el córtex del cíngulo anterior en el cerebro de los participantes (áreas que están asociadas con la empatía hacia el dolor de los otros). Lo que cambió después del breve entrenamiento en la compasión fue que las partes del cerebro asociadas con algunas emociones placenteras, tales como el amor, el cuidado, y la afiliación (de hecho, las mismas áreas que se activan cuando uno se come un chocolate o cuando ve una sonrisa hermosa, específicamente la corteza orbitofrontal, el área tegmental ventral, el putamen, y el pálido ventral) también se activaron. Esto no quiere decir que el entrenamiento en la compasión inhibiera la capacidad de reconocer y resonar con imágenes de sufrimiento humano. De hecho, las áreas del cerebro asociadas a la empatía siguieron respondiendo, y los participantes siguieron manifestando emociones acordes con las imágenes, así que su conciencia de lo que estaba ocurriendo se mantuvo intacta. Sin embargo, tras el entrenamiento, el sufrimiento no era lo único que había en la experiencia, había además una calidez afectiva, estados mentales positivos y una motivación de ayuda dirigidos hacia las personas en los videoclips, lo cual es central en la compasión.

Los hallazgos de Singer y su equipo tienen implicancias concretas para nuestra vida diaria. Por ejemplo, imagínate que estás pasando un momento difícil y que te estás sintiendo bastante triste.

¿Qué sería más útil en ese momento?, ¿la compañía de alguien que resonara con tu dolor y que se quedara completamente absorbido en tu tristeza, o alguien que fuera capaz de resonar con tu tristeza, pero que fuese capaz de generar calidez y una motivación genuina de ayudar? Probablemente, la segunda compañía sería la que más te ayudaría a aceptar, aliviar y transformar tu dolor.

¿Y qué pasa cuando te encuentras en el otro lado de la ecuación, cuando eres tú quien está ofreciendo el apoyo a alguien que está sufriendo? La respuesta compasiva te ayuda a acceder a tus recursos psicológicos, neuronales y espirituales para poder ayudar al otro efectivamente, sin sentirte sobrepasado. Matthieu Ricard, el monje budista francés que ha servido como sujeto experimental en muchas investigaciones sobre los efectos neurológicos de las prácticas contemplativas, sugiere que un modo de lidiar con el *burnout* y la fatiga empática consiste precisamente en cultivar la compasión hacia la persona que sufre. Esa compasión puede contrarrestar la sensación de estrés y desempoderamiento que la empatía por sí sola puede generar. Según Matthieu Ricard, cuando a la empatía se suma la compasión, las personas pueden generar estados mentales y actitudes constructivas, tales como el coraje compasivo. Si ampliamos la perspectiva de cultivar una motivación compasiva, no solo a individuos, sino también a nivel grupos y organizaciones, incluyendo una mirada relacional y social, podemos ver el potencial impacto favorable que tendría formar en compasión a profesionales y equipos en salud y educación.

La conducta y la satisfacción compasiva

Como hemos visto, generar una mente compasiva en sí misma es de gran beneficio tanto para quien la experimenta, como para quien recibe esa intención. Sin embargo, pasar a la acción es muy importante. Si somos conscientes del sufrimiento, si resonamos empáticamente con él, si tenemos la intención y la motivación de aliviarlo, pero no hacemos absolutamente nada al respecto, muy probablemente acabaremos sintiéndonos frustrados, impotentes y deprimidos. Los seres humanos necesitamos transformar nuestras intenciones en acciones y pasar a hacer algo concreto con nuestro cuerpo, nuestra habla, nuestra conducta, para sentir la satisfacción compasiva que proviene de generar una conexión positiva con otros.

¿Qué puede constituir una acción compasiva? Las acciones compasivas pueden ser grandes o pequeñas; manifiestas o anónimas; inmediatas (como consolar o dar dinero a alguien) o de largo plazo (como estudiar medicina y especializarse en cuidados paliativos para ayudar a aliviar el sufrimiento de los pacientes terminales); pueden implicar un coste o no para quien las genera; pueden ser evidentes (como ayudar a levantarse a alguien que ha caído en la calle), o sutiles (como escuchar atentamente y sin juicio a alguien que nos cuenta su historia); pueden ser preventivas (como incluir en la educación de niñas y niños la prevención de la violencia de género) o reparatorias (como tratar a una víctima de violencia de género). También podemos considerar como acciones compasivas nuestra forma de usar el cuerpo: cómo miramos, cómo escuchamos, cómo sonreímos, cómo usamos la voz.

Podemos ver que el rango de acciones compasivas es muy amplio, desde un gesto sutil a un compromiso de por vida con una causa a la cual podemos dedicar buena parte de nuestro tiempo y energía. Lo importante aquí es llevar la compasión a la acción en pequeños gestos, ya que al llevar la motivación compasiva a una acción concreta estamos alineando nuestra presencia en el mundo con nuestros valores fundamentales. De hecho, en un sentido, cuanto más pequeñas y cotidianas sean nuestras acciones compasivas, más vamos construyendo un sentido de coherencia cotidiana que nos da la base necesaria para generar acciones compasivas de mayor escala. En contraste, ¿qué sentido tiene hacer grandes campañas compasivas para ayudar a personas en otro continente cuando no somos capaces de ser pacientes y cálidos con las personas con quienes convivimos? ¿Qué sentido tiene hacer activismo climático o ambiental si no cambio las maneras en que como y me visto, las que pueden ser parte de las causas de la degradación ambiental y la explotación de seres sintientes? El punto aquí no es caer en moralismos y en culpas neuróticas, sino aprovechar los cientos de oportunidades que nos ofrece la vida cada día para ir alineando nuestros valores con los microgestos de nuestra vida cotidiana, con paciencia, cariño y determinación, ya que ahí está nuestro mayor impacto, en lo ordinario y cotidiano. Sin la compasión en lo ordinario, lo extraordinario no tiene una base que le dé continuidad y coherencia.

PRÁCTICA 14: Acciones compasivas en lo cotidiano

Tal como los demás componentes de la compasión, la conducta compasiva también se puede entrenar intencionalmente. Por ejemplo, en la séptima semana del Entrenamiento en el Cultivo de la Compasión (CCT), invitamos a los participantes a elegir alguna acción compasiva que puedan realizar cada día de la semana y esta acción debe ser lo suficientemente concreta como para saber claramente cuando la han realizado. Te invitamos a hacer tuya esta propuesta durante una semana: elige una acción compasiva para realizar cada día.

Compartimos aquí algunos ejemplos de las acciones que participantes de nuestros grupos han elegido y que quizá quieras practicar esta semana: llamar cada día a algún amigo o familiar con quien no hablas hace tiempo; ofrecer cada día un sándwich o un café a alguien en situación de calle; tomarte un poco más de tiempo para despertar o dar las buenas noches a tus hijos sin apuro y con mayor calidez; dar tiempo de calidad a tu pareja cada día; ofrecer una sonrisa cada día a alguien desconocido; agradecer a una persona cada día por lo que aporta a tu vida y tu bienestar; jugar intencionalmente y sin distracciones con un hijo pequeño; darle un paseo más largo y darle más cariño a tu mascota; saludar con amabilidad a alguien que vive en tu barrio; decirle a alguien cada día algo que aprecias de él o de ella. Por supuesto, siéntete libre de crear y elegir otras acciones compasivas distintas a los ejemplos anteriores.

Tómate algunos momentos para decidir cuál será tu acción compasiva diaria esta semana:

_____

_____

_____

_____

_____

_____

_____

_____

_____

_____

_____

_____

_____

Usa el espacio de abajo para escribir durante siete días lo que vas observando y aprendiendo al generar esta conducta compasiva cada día.

Día	Observaciones
Día 1	
Día 2	
Día 3	
Día 4	
Día 5	
Día 6	
Día 7	

Naturalmente, las acciones y conductas compasivas tienen un valor en sí mismas por el aporte que implica aliviar y prevenir el sufrimiento. Sin embargo, el pasar a la acción también tiene el beneficio adicional de generar un efecto positivo en el cuerpo y la mente de quien realiza la acción. Por ejemplo, la compasión hacia los demás hace que el cerebro obtenga más información positiva del mundo, lo que se denomina «efecto de arrastre» (*carry over effect* en inglés). Esto quiere decir que cuando somos compasivos, literalmente sentimos que habitamos en un mundo más seguro. En contraste, cuando actuamos de manera egoísta y autocentrada (guiados por el sesgo negativo del cerebro), nuestra percepción del mundo es la de un lugar amenazante, competitivo e inseguro.

Además, las conductas compasivas, como por ejemplo, donar parte de los propios ingresos a causas benéficas, también activa los circuitos del placer, lo que algunos llaman «satisfacción compasiva» o «el brillo cálido de la compasión». Por eso, algunos investigadores en neurociencia y psicología como Helen Weng de la Universidad de California en San Francisco y Jamil Zaki de la Universidad de Stanford describen la compasión como *chocolate para el cerebro*, ya que activa zonas dopaminérgicas asociadas con el placer (Simon-Thomas, 2012). Los datos de imágenes cerebrales del Dr. Zaki muestran que ser amable con los demás se registra en el cerebro más como comer chocolate que como cumplir una obligación de hacer lo correcto. Para la especie humana, nuestra capacidad de comunicación y coordinación para contribuir al bienestar grupal es una de las estrategias de supervivencia más importantes, por eso nuestra fisiología y neurología «premia» las conductas compasivas y altruistas con un sentido de bienestar, seguridad y placer.

Aún más, el bienestar que surge de las conductas compasivas no proviene solamente de la activación de zonas de recompensa del cerebro, sino que también ocurren otros cambios en nuestro cuerpo que tienen un impacto sobre nuestra sensación de estabilidad, paz, equilibrio y bienestar, como por ejemplo: se activa la corteza prefrontal que nos permite tomar perspectiva en situaciones complejas, regular hacia abajo la activación de la amígdala cerebral (asociada a la percepción de amenaza) y acceder a recursos cognitivos más complejos, como la imaginación y el pensamiento creativo. También la compasión puede aumentar el flujo de oxitocina en nuestra sangre, la cual genera un sentido de bienestar y conexión social segura, además de ser cardioprotectora y antiinflamatoria (Esch & Stefano, 2011). A nivel de nuestro sistema nervioso autónomo, la compasión estimula nuestro nervio vago, un eje de conexión importante entre intestinos, corazón y cerebro, el cual nos permite desacelerar el corazón y activar toda una red fisiológica de conexión social (el sistema de conexión social que involucra nuestro rostro, las cuerdas vocales, el oído medio, la laringe, entre otros), lo cual nos permite emitir y comprender señales de seguridad social a través de nuestras expresiones faciales, el tono de voz, los movimientos de la cabeza y otras funciones del cuerpo que nos permiten transmitir seguridad social. (Dana, 2018).

En pocas palabras, la compasión nos hace bien. Le hace bien a quien la recibe, le hace bien a quien la da, y miles de microgestos compasivos cotidianos van construyendo mundos más seguros para todos sus habitantes.

DAR, DARSE Y RECIBIR COMPASIÓN

Paul Gilbert distingue tres direcciones en las cuales puede fluir la compasión: ofrecer compasión a los otros; recibir la compasión de los otros; y poder ofrecernos compasión a nosotros mismos. Esta visión de los tres flujos proporciona un marco útil para integrar y equilibrar la energía que ponemos en ayudar y cuidar a los otros, con la necesidad de cuidar las propias necesidades y aprender a pedir y recibir apoyo de los demás. (Gilbert, 2014).

Aunque sabemos que la salud y el bienestar están asociados a que las tres direcciones estén fluyendo sanamente, en muchos de nosotros, los flujos pueden estar fácilmente desequilibrados. Por ejemplo, los profesionales sanitarios y los cuidadores de enfermos tienden a dar mucho de sí al cuidado de otros, pero, en general, no tienen muy entrenada la capacidad de recibir compasión de los demás ni para ofrecerse compasión a sí mismos en momentos de dificultad. Cuando enfrentamos este escenario, encontramos a muchos profesionales con un enorme desgaste emocional producto de su trabajo, ya que cuando no recibimos apoyo de los otros ni nos cuidamos a nosotros mismos, nuestro dar a los demás no va a ser sostenible en el tiempo y acabamos enfermándonos. Las investigaciones nos dicen que cuando generamos empatía y compasión todo el día con el dolor ajeno y no tenemos herramientas para nutrirnos, el cuerpo y la mente se agotan (Brito-Pons & Librada Flores, 2018).

Los tres flujos de la compasión

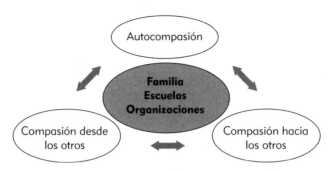

Cuando la compasión comienza a fluir en las tres direcciones se van construyendo culturas compasivas, haciendo que la compasión sea sostenible en el tiempo y que actúe como un factor de resiliencia frente al agotamiento y el distrés empático. Esto resuena con la idea intuitiva de que para poder cuidar a los demás es necesario aprender a cuidarse a uno mismo.

En estos diez años dedicando bastante energía a la psicología y la educación en la compasión, he visto (Gonzalo) cómo cuando hay al menos dos o tres personas en un grupo, institución o equipo, que están genuinamente interesadas en el desarrollo de la compasión, esas personas son capaces, a través de su comprensión y práctica aplicada, de ir generando una microcultura compasiva en su contexto, que poco a poco va generando cambios sistémicos más allá de ellos mismos. De esa manera, las familias, las organizaciones, las universidades, los hospitales e incluso las ciudades pueden ir cambiando su manera de funcionar, pasando desde una lógica competitiva, acelerada y egocéntrica, hacia una lógica más colaborativa, compasiva y «nosotros-céntrica».

Creemos que este punto es importante de resaltar: demasiadas veces nos quedamos atrapados en la queja de que el mundo es un lugar poco compasivo. Y efectivamente vivimos en un mundo complejo y nada fácil de vivir, pero la gran pregunta es «¿qué estoy haciendo yo para ayudar a crear un mundo más compasivo?». Esto no quiere decir que no hay necesidad de cambios sistémicos (incluyendo cambios políticos, sociales, económicos) y que todo queda a nivel del cambio personal, sin embargo, el cambio sistémico no debe estar disociado del cambio personal, y la queja que se expresa desde un sentido de coherencia al ir «siendo el cambio que queremos ver en el mundo» tiene una fuerza muy superior a la simple queja que no asume ninguna responsabilidad personal de cambio. Quizás podríamos reformular la pregunta «¿Cómo ayudar a crear un mundo compasivo?» y preguntarnos «¿Cómo, en concreto, estamos aportando a construir culturas y microculturas compasivas?».

Volviendo a ti mismo y a los flujos: ¿Cómo están tus tres flujos de la compasión?, ¿cuánta energía y tiempo pones en cuidar de otros?, ¿cuánta energía y tiempo dispones para cuidarte a ti mismo?, ¿qué tanto dejas entrar los gestos de cuidado, apoyo y compasión de los demás? Hazte estas preguntas de una forma honesta y sin juicio, ya que no se trata de tener una respuesta correcta, sino de simplemente tomar conciencia de tus patrones habituales, para luego tener la libertad de elegir lo que quieres cultivar.

Después podemos preguntarnos: «¿Qué necesito para equilibrar los flujos de la compasión en mi vida?». Muchos de nosotros necesitamos aprender a relacionarnos con mayor autocompasión, pero tenemos miedo de que si somos autocompasivos nos volveremos autoindulgentes y no llegaremos a ninguna parte en la vida. Pero la autocompasión no tiene nada que ver con ser autoindulgentes. La autocompasión es la capacidad de relacionarnos con nuestro propio sufrimiento con empatía, cuidado y con la motivación de ayudarnos, en vez de hundirnos en autocríticas destructivas, que es precisamente lo que muchas personas hacemos en los momentos difíciles.

A diferencia de lo que a veces se cree, la autoindulgencia no es sinónimo de ser autocompasivo en exceso, sino más bien es un tipo de autoabandono, en el cual no consideramos las consecuencias a medio y largo plazo de nuestras acciones actuales. Tal como ser compasivo con un niño no significa dejar que se pase el día viendo la televisión, ser compasivos con nosotros mismos no significa abandonarnos a lo que nos dé la gana hacer sin importar las consecuencias de nuestras acciones en nuestro bienestar futuro.

¿Qué pequeño primer paso podrías dar para echar a andar el flujo de la autocompasión en tu vida?

Algunos nos daremos cuenta de que nos cuesta abrirnos a recibir el apoyo y el cuidado de los otros. Ya sea por una creencia arraigada autolimitante de que uno no merece algo bueno, por haber tenido experiencias difíciles con personas que tendrían que habernos ofrecido apoyo y cuidado, por temor a parecer débiles si recibimos ayuda, o simplemente por tener miedo a depender de otros, muchas personas temen abrirse a recibir. Muchos de nosotros hemos crecido con esta frase grabada en nuestra mente: «Yo tengo que poder solo» y, más allá de la historia personal que puede dar pie a esa creencia, también es un mensaje reforzado en culturas crecientemente individualistas y exitistas, donde tenemos que ser Superman o Superwoman. Nuevamente, es muy importante mirar estos miedos y resistencias a la compasión *con compasión*, ya que enjuiciarnos por nuestros miedos no nos ayuda a trascenderlos. Lo que sí nos puede ayudar es ver claramente dónde estamos y preguntarnos cuál sería un próximo pequeñito paso, no amenazante, que vaya en la·dirección de aprender a pedir y recibir apoyo de otros.

¿Qué pequeño primer paso podrías dar para abrirte a pedir y recibir apoyo y compasión de otros en tu vida?

Por último, algunos de nosotros nos daremos cuenta de que necesitamos trabajar en cultivar nuestra compasión hacia los demás.

Esto implica ir poco a poco abriendo los ojos a las necesidades del mundo que nos rodea y preguntarnos cuál puede ser nuestro aporte a la creación de espacios donde más seres (partiendo por los más cercanos) puedan sentirse más seguros, contentos y cuidados.

Una dificultad que podemos encontrarnos al cultivar la intención de ampliar nuestra compasión hacia los demás consiste en que, al notar cuánto sufrimiento hay en el mundo y cuán complejas son las causas del sufrimiento, podamos sentir que se nos hunde el corazón y que no tenemos recursos internos o externos suficientes para hacer frente a tanto dolor. Respecto a este punto, puede ser útil echar mano nuevamente a la psicología budista y visitar la imagen del *bodhisattva*.

MANTENER EL CORAZÓN ABIERTO EN UN MUNDO QUEBRADO: SER UN *BODHISATTVA* MODERNO.

En la tradición budista existe la figura mítica del *bodhisattva*. Los *bodhisattvas* son arquetipos que encarnan diversos potenciales de la mente humana y, como figuras míticas y fuentes simbólicas de inspiración, se caracterizan por cultivar la motivación más altruista posible: aliviar el sufrimiento de todos los seres. Si pensamos en que los seres son innumerables y que los sufrimientos de cada uno no son pocos, partiendo por la enfermedad, la vejez y la muerte personal y de los que amamos, vemos que el voto del *bodhisattva* es, en cierto sentido, una «misión imposible».

¿Cómo vivir sabiendo que el mundo no tiene arreglo y aun así sostener en uno mismo el corazón abierto y la mejor motivación de servir? En el budismo zen se recitan los cuatros votos del *bodhisattva*, uno de ellos dice «los seres son innumerables; me comprometo a liberarlos a todos». Naturalmente, esta es una paradoja, un imposible que insinúa una cuarta alternativa a nuestra reactividad habitual frente a lo que es difícil. Nuestra mentalidad habitual frente al sufrimiento consiste en buscar arreglarlo (aunque muchas veces no hay arreglo), quemarnos (en el intento de arreglarlo) o desconectarnos a través de la evasión o de nuestra adicción particular (cada uno tiene las suyas).

La paradoja y la práctica en el centro de la mente/corazón del *bodhisattva* consiste en mantener el corazón abierto en un mundo que no tiene arreglo, renunciando así a alcanzar la meta. La práctica psicológica y espiritual de traer compasión a nuestro mundo consiste en tener claridad sobre los hechos dolorosos a nivel personal, relacional, social y global, y practicar transformar el hábito de cerrarnos, paralizarnos y polarizarnos. La práctica consiste en mantenernos abiertos y disponibles cuando el hábito de toda la vida es contraernos defensivamente. A menudo, frente a las malas noticias familiares, económicas, políticas, globales, nuestro sistema nervioso entra en la fisiología de la amenaza y aparecen dos tendencias defensivas: o bien nos queremos quedar acostados en cama y taparnos hasta la cabeza con un montón de mantas; o bien queremos agarrar un garrote y salir a golpear a quienes representan todo lo que está mal en el mundo. Sin embargo, hay un «camino medio» entre la parálisis y la agresión, que consiste en cultivar gradualmente la capacidad de estar en medio de aquello que se derrumba y ver cómo podemos aportar o al menos no añadir sufrimiento al sistema.

El ideal del *bodhisattva* tiene al menos un par de miles de años, y creemos que es un ideal importante justo hoy, cuando sentimos la tremenda volatilidad del mundo a nivel ecológico, económico, social y político. Quizá no haya que ir muy lejos tampoco: todos podemos reconocer en nuestra pequeña vida como existe una fragilidad, un «temblor del suelo» que está bajo nuestros pies. Por eso quizá necesitamos más *bodhisattvas* modernos. Necesitamos encontrar las herramientas para entrenarnos en la actitud altruista de amar todo lo que podamos y de las maneras más amplias posibles en un mundo incierto.

Siendo concretos, nos podemos preguntar a qué nos referimos cuando decimos «aliviar el sufrimiento». Una distinción interesante que ofrece la psicología budista es la de los tres niveles de sufrimiento.

Primero, existe un nivel externo de sufrimiento, que consiste en no tener las necesidades básicas satisfechas, la enfermedad, el estar expuesto a la violencia de cualquier tipo, el no tener cobijo. Este es el nivel más concreto y autoevidente, un sufrimiento fundante que debemos atender como personas y también estructuralmente, como sociedad. Mientras los seres humanos y los animales no se sienten básicamente seguros, sus sistemas nerviosos están en activación ante la amenaza, lo cual no solo les afecta a ellos sino a todos a su alrededor, ya que un sistema crónicamente amenazado en su supervivencia naturalmente va a responder de forma defensiva y agresiva. Por eso, no podemos sentirnos seguros hasta que todos los demás se sientan básicamente seguros. Este es el eje de la necesidad de movernos como sociedad, desde una lógica fría de hipercompetitividad hacia sociedades más justas, empáticas y compasivas.

Segundo, el sufrimiento interno, que es un sufrimiento menos obvio que el anterior, pero no necesariamente menos doloroso. Consiste en la sensación básica de no ser queridos, de sentirnos aislados y que no le importamos a nadie. Esto usualmente va acompañado de la sensación de que hay algo fundamentalmente malo o dañado en nosotros. El sufrimiento interno genera emociones difíciles y a largo plazo dañinas para el propio cuerpo-mente, como el miedo, la ira, la vergüenza y la culpa. Cuando sufrimos de esta manera tendemos a aislarnos, y lo cierto es que el aislamiento social se ha convertido en una epidemia en los países desarrollados y tiene un efecto similar al tabaquismo en cuanto a la disminución de la expectativa de vida (National Academy of Sciences, 2020). Generar compasión hacia este nivel interno y más sutil, aunque no menos doloroso, es fundamental, ya que tiene un gran impacto en nuestra sensación general de bienestar o malestar. Alguien puede tener condiciones externas óptimas (recursos, educación, seguridad) y sin embargo estar pensando en el suicidio si sufre interiormente.

Tercero, el nivel raíz del sufrimiento, que consiste en la creencia y la sensación de que estamos esencialmente separados unos de otros, de que podemos vivir y sostenernos por nosotros mismos, porque creemos en un yo sólido, continuo e independiente. Desde la visión de la psicología budista, este aferramiento a un yo separado, al cual tengo que proteger a toda costa, es fuente de gran sufrimiento personal e interpersonal, ya que, desde esta creencia, no nos damos cuenta de que lo que hacemos a un otro nos lo hacemos a nosotros mismos. Simplemente no es posible amar sinceramente sin beneficiarnos nosotros mismos de esa apertura del corazón, ni es posible odiar sin que suframos los efectos directos que el odio produce, incluyendo la contracción física y mental que el odio trae. Como vimos en el primer capítulo, no solo la psicología budista, tampoco la psicología y la neurociencia occidentales han podido encontrar evidencia de la existencia de un yo singular, permanente y autónomo.

Así que cuando hablamos de la posibilidad de entrenar nuestro sistema nervioso para encarnar lo que podría ser un «*bodhisattva moderno*», podemos pensar en pequeñas formas de actuar en estos tres niveles: ¿Cómo puedo ayudarme a mí mismo y a los demás a aliviar el sufrimiento externo, interno y de raíz?

A nivel externo, el físico, ¿cómo puedo contribuir a que las personas (incluido yo mismo) podamos sentirnos básicamente seguras, respetadas y nutridas? ¿Cómo puedo transformar poco a poco mi manera de vivir, de modo que mi satisfacción no dependa de la explotación de otros seres que, tal como yo, desean ser felices y estar libres de sufrimiento? ¿Cómo puedo organizar mis relaciones con el planeta y con los demás de manera que mis gestos, desde los más burdos a los más sutiles, reflejen un respeto a la vida y a la dignidad de los seres vivos?

Si quisieras en este punto podrías hacer una pausa e indagar qué respuestas emergen en ti ante estas preguntas y escribirlas:

_____

_____

_____

_____

_____

_____

_____

_____

_____

_____

A nivel interno, emocional, ¿cómo puedo ayudar a que otras personas sientan que importan? ¿Cómo puedo transmitir, sobre todo a través de pequeños gestos cotidianos, a otra persona o a un animal, que su vida es importante, que no es un simple objeto a mi disposición, que no hay nada fundamentalmente quebrado o malo en él o ella? ¿Cómo puedo humanizar mi mirada un poco cada día, incluso cuando me miro a mí mismo/a con ojos de déficit y decepción? En este punto no debemos subestimar el valor de lo pequeño y lo sutil: nuestra expresión facial transmite tonos de significado en un instante; nuestras palabras, como dice una canción de Silvio

Rodríguez, pueden dar vida o dar muerte al amor.* Incluso antes de evaluar el impacto de todo esto en los demás, considera simplemente hacerte esta pregunta: ¿Cómo sería mi estado mental si en vez de estar secuestrado/a por los dramas de la esquiva satisfacción autocentrada estuviese volcado/a a la aspiración de ayudar a otros a sentirse amados y cuidados?

También, te animamos a indagar cómo resuenan estas preguntas en tu experiencia:

_____

_____

_____

_____

_____

_____

_____

_____

_____

Finalmente, a nivel raíz, quizá el más cercano a lo espiritual, podríamos preguntarnos: ¿Cómo puedo ayudarme a mí mismo/a y a los demás a suavizar la dureza de un ego contraído?, ¿cómo puedo abrirme y cuidar de mi propia vulnerabilidad y la vulnerabilidad de los demás?, ¿cómo podemos estar más conscientes de que todo lo que vemos que existe «se apoya en todo lo demás» (interdependencia), ya que nada puede existir por sí mismo y todo surge en relación?, ¿cómo estar abiertos a percibir que el yo propio y el de

---

* De la canción *Me veo claramente* de Silvio Rodríguez. Álbum «Tríptico», Vol. 2.

los demás no es unitario, sino múltiple, diverso, cambiante e inabarcable?, ¿cómo ir soltando poco a poco la tendencia a encasillar y encasillarnos en guiones reificados de identidades limitantes?

Si gustas, permítete tomarte un último momento y escribir como te resuena llevar la compasión ante el sufrimiento de raíz:

_____

_____

_____

_____

_____

_____

_____

_____

_____

_____

A la apertura en la percepción del mundo fenoménico se la llama la sabiduría experiencial del vacío, *shunyata*. *Shunyata* no quiere decir carencia de algo, sino que es la noción de que todo emerge relacionalmente, momento a momento, desde la infinita creatividad del momento presente. Todos aparecemos, momento a momento, a partir de causas y condiciones contingentes. Como dice una querida maestra, Elizabeth Matiis Namgyel: «Somos ciudadanos de la gran naturaleza de la contingencia infinita». (Namgyel, 2018)

Nuestra conciencia de que somos contingentes y que nuestra existencia se apoya en todo lo demás para existir, tiene dos efectos principales. Primero, podemos darnos cuenta de que nuestro bienestar depende del bienestar de los demás. En ese sentido, no hay distancia entre egoísmo y altruismo cuando hago un esfuerzo noble por otro: yo soy el primer beneficiado de actuar de manera alineada con el amor que existe en mi centro.

Segundo, si todo se apoya en todo lo demás, mis pensamientos, palabras y acciones tienen un impacto, incluso cuando no me doy cuenta de ello. Cada gesto de tu mente, tu habla y tu cuerpo, produce «efectos de onda» que realmente no sabemos hasta dónde pueden llegar. Y, a menudo, pequeños gestos tienen grandes impactos. Esto es cierto para los gestos que generan sufrimiento y para los gestos que generan alivio del sufrimiento y felicidad. Esta conciencia trae una gran responsabilidad, pero también trae la alegría de sentirte parte de la gran familia de los seres, en la cual eres bienvenido. En realidad, siempre fuiste bienvenido, solo faltaba darnos cuenta de ello para volvernos parte activa y responsable de este juego vital. La palabra «responsable» puede sonar seria y seca, pero básicamente nos referimos a asumir la responsabilidad y la libertad de manifestar el amor en tu propia versión única e inimitable. Esa responsabilidad es intransferible y está conectada al gozo de estar alineado con la vida.

En eso consiste usar la vida para entrenarse como *bodhisattva* moderno. Todo esto puede sonar un poco grandilocuente y fuera de «la realidad», sin embargo, observa cómo es realmente posible hacer pequeños cambios en la vida. Los cambios suelen ser graduales y casi invisibles a corto plazo, pero nota cómo de repente te encuentras a una persona que no has visto en algunos años y los cambios son muy claros. Quizá al menos la persona ya no se queje de las mismas cosas y eso ya es algo, si tomamos en cuenta que hay personas que se quejan de las mismas cosas durante décadas.

Finalmente, compartimos algunas sugerencias que Gonzalo recibió de Pema Chödron en un retiro, para cultivar poco a poco la mentalidad del *bodhisattva*, aquel o aquella que puede permanecer abierto y constructivo frente a un mundo en llamas:

- Toma conciencia de los actos compasivos que ya realizas, por pequeños que sean. ¿Qué pequeños o grandes gestos compasivos son parte de tu vida? Si encuentras algunos, permítete alegrarte de ellos y reconocer que esas acciones están alineadas con tus valores y con tu deseo de ser el cambio que quieres ver en el mundo. Al tomar conciencia de estas acciones que ya están presentes en tu vida, es probable que estas mismas se potencien y se amplíen.

- Enfócate en realizar cambios pequeños: no más de uno o dos al mes. No es útil sobrecargar la función ejecutiva del cerebro tratando de implementar una diversidad de cambios significativos en poco tiempo. Esto lleva a la frustración y a la pérdida de confianza.

- Medita a diario: es importante tener espacios de autorreflexión cada día para darte cuenta de lo que no te estás dando cuenta cuando tus patrones habituales sufrientes están activos.

- Cuando te des cuenta de que estás cayendo en un hábito que causa sufrimiento en ti o en otros, puedes observarlo e incluso arrepentirte, puedes decir «esta acción no refleja realmente la persona que quiero ser en esta vida», pero, al mismo tiempo, mantén la conciencia de que no hay nada fundamentalmente malo en ti. De hecho, confía en que hay algo fundamentalmente bueno en ti. Si no hubiese algo bueno, no tendrías esta motivación de ayudarte y de ayudar a los demás. Ladrarnos críticamente como un perro furioso porque hemos hecho algo mal solo nos hunde en la vergüenza y la autocrítica que nos demoran y nos desmoronan.

- Es importante darse cuenta, honesta y amablemente, de dónde uno se encuentra en este momento. De esta manera podemos mantener la aspiración de abrir el corazón, pero ser pacientes con el lugar hasta donde nuestro sistema nervioso puede sostener la situación hoy. Es parte del camino del *bodhisattva* abrir la puerta a todos los seres como nuestros invitados, pero es importante abrir esa puerta gradualmente, de manera que no sobrepasemos los límites actuales de nuestro sistema nervioso.

De este modo, poco a poco, vamos acrecentando nuestra capacidad de vivir sin tener nada a lo cual aferrarnos, permaneciendo abiertos a todo lo que la vida trae, pero siendo muy amables en el incremento gradual de esta confianza en el vacío generativo fundamental de esta vida humana.

PRÁCTICA 15: Cultivando la compasión

El propósito de la siguiente práctica es regar las semillas de la compasión en nuestro corazón. Aunque la compasión es instintiva en la especie humana (¡por suerte!), también es una habilidad que puede ser entrenada y expandida más allá de lo instintivo. Una de las maneras más efectivas de entrenarla es la práctica de meditación en la compasión, que es lo que te invitamos a hacer ahora.

Encontrarás una guía de meditación de esta práctica en un audio que podrás oír y descargar en la web de Editorial Sirio. Para acceder a este archivo debes entrar en www.editorialsirio.com, seleccionar la ficha de este libro escribiendo el título en la barra de búsqueda y, una vez ahí, verás los audios en la sección de «Audios relacionados».[*]

---

[*] N. del E.: En caso de incidencia puedes escribir a sirio@editorialsirio.com

A continuación, presentamos solo algunos pasos centrales de esta práctica, para quienes quieran tener una guía escrita y realizar la práctica de forma autoguiada:

- Toma una postura cómoda y estable, con la espalda erguida pero no rígida y el pecho y vientre suaves. Relaja el rostro y baja la mirada o cierra los ojos. Toma cinco respiraciones profundas, aprovechando la exhalación para soltar y relajar tensiones.
- Respira ahora a través de la nariz, llevando tu atención al fluir de la respiración durante un par de minutos, trayéndote de vuelta a la respiración con amabilidad cada vez que notes que te distraes.
- Lleva tu atención a la zona de tu corazón, notando cómo esta zona se expande suavemente cuando inhalas y cómo se relaja cuando exhalas. Quédate sintiendo tu respiración en el pecho durante algunos minutos, si gustas, imagina que inhalas y exhalas desde y hacia el centro del corazón.
- Trae a tu mente una imagen de alguien o algo que para ti encarne las cualidades de la compasión, puede ser la imagen de un ser humano que hayas conocido en tu vida, algún maestro o maestra de tu niñez o algún amigo o familiar muy sabio y compasivo. Puede ser una figura espiritual, religiosa o una persona real que admires, o puede ser un símbolo o imagen de la naturaleza, como un árbol frondoso bien enraizado en la tierra, el sol o el mar, o cualquier otro símbolo que para ti encarne estas cualidades.
- No te preocupes de elegir la imagen perfecta. A medida que vayas practicando en lo cotidiano, es posible que se vaya configurando una imagen compasiva que puedas utilizar con cierta regularidad. La visualización no necesita ser clara, nítida o estable, sino que basta con evocar la sensación de esa presencia en nuestra mente.
- Imagínate recibir esa energía compasiva en tu cuerpo y en tu mente a medida que respiras suavemente. Focalízate en la intención de recibir

la compasión en tu cuerpo, tu mente y tu corazón. Imagina que esta imagen compasiva es consciente de la complejidad de la vida humana y realmente te acompaña sin juicios y deseándote que puedas estar bien y que seas feliz. Respira en calma durante uno o dos minutos más, imaginando que recibes compasión.

· Toma un par de respiraciones profundas y ahora dirige el foco de la compasión hacia ti mismo/a. Conecta en tu mente/corazón con la intención de desarrollar una relación de apoyo, más amable y libre de juicio contigo mismo/a. Si gustas puedes llevar una o ambas manos al pecho o al vientre y, conectando con tu mente autocompasiva, repite lenta y suavemente las siguientes frases:

Que pueda tener salud y bienestar.
Que pueda vivir con paz y tranquilidad.
Que pueda tratarme como un buen amigo/a
Que pueda darme el apoyo y cariño que necesito.

Siéntete muy libre de añadir otras frases autocompasivas, de acuerdo a lo que necesites recordarte hoy. Quédate algunos momentos más sintiendo tu respiración suave, repitiendo en tu mente o en voz baja tus frases autocompasivas y sobre todo focalizando tu mente en tu motivación de cuidarte y apoyarte en esta vida.

· Ahora, trae a tu mente a una persona cercana hacia la que tengas sentimientos de calidez y ternura. Puede ser un niño, tu marido o mujer, incluso una mascota. Alguien que al recordarlo te haga son-reír. Naturalmente, esa persona querida experimenta altibajos, mo-mentos buenos y momentos difíciles en su vida. Deja que tu con-ciencia de sus dificultades potencie tus buenos deseos para sentirlos sinceramente. Concentrándote en esa persona, repite las siguientes frases en tu mente, intentando conectar con la intención y el tono emocional detrás de las palabras.

Que puedas ser feliz.
Que puedas tener salud y bienestar.
Que puedas tener paz y alegría.
Que puedas estar libre del sufrimiento.

Por un par de minutos repite estas frases para él o para ella, sintiéndote libre de modificarlas, añadir su nombre o añadir otras frases que reflejen mejor tu intención amorosa y compasiva hacia él o ella. Visualiza el rostro y la sonrisa de este ser querido y evoca serenamente sus cualidades.

- Ahora ampliamos el círculo de la compasión más allá de nuestro contexto más íntimo. Elige a una persona «neutra», alguien a quien reconocerías al verlo, pero que apenas conoces. Puede ser alguien de tu barrio, de tu trabajo, o alguien a quien ves siempre en una tienda o en una cafetería que visitas habitualmente. Trae a tu mente a esa persona conocida que hayas elegido. Visualízala en el contexto en el que normalmente la encuentras. ¿Es tu vecino paseando a su perro? ¿Es tu compañera de trabajo en su escritorio?
- Considera el hecho de que, al igual que tú, esta persona ha tenido altibajos en su vida, e imagina que, al igual que tú, esta persona es el familiar de alguien más; es hijo de alguien; es un padre, una pareja o un amigo querido para alguien. Al igual que tú, esta persona tiene objetivos y sueños. Al igual que tú, esta persona quiere amar y ser amada; contribuir y ser apreciada. Mira a esta persona desde la mirada del corazón, la humanidad compartida, tomando conciencia de que él o ella tiene una vida tan compleja y llena de matices como la tuya. Ofrécele en silencio tu intención compasiva, imaginando que recibe esta energía constructiva, ofreciéndole apoyo, conexión, seguridad, paz y cualquier otra cosa que necesite.

Que puedas ser feliz.
Que puedas tener salud y bienestar.

Que puedas tener paz y alegría.

Que puedas estar libre del sufrimiento.

Repite estas frases suavemente y en calma, conectándote con tu intención compasiva para esta persona. Visualiza su rostro y su sonrisa al recibirla.

- Finalmente ampliamos el campo de conciencia para incluir a todas las personas y animales que te rodean, imaginando que tu corazón es como un campo de energía que puede expandirse en todas las direcciones para abarcar a todos los que viven en tu barrio, en tu país, en tu continente y en este planeta. Dejando que la intención compasiva se extienda a los que sufren y a los que son felices, a los que están naciendo, a los que están muriendo, a los humanos y los no humanos, apreciando esta gran y misteriosa red de vida que nos conecta a todos, y las aspiraciones fundamentales que compartimos. Extendiendo en silencio las siguientes frases como ofrenda a todos los seres:

Que todos los seres sean felices.

Que todos puedan estar libres del sufrimiento.

Que todos los seres den y reciban todo el amor que necesitan.

Que todos los seres conozcan la paz y la alegría.

- Descansa unos momentos en este estado de mente abierta y compasión profunda. Da la bienvenida a cualquier sensación de paz y felicidad que esta práctica pueda traer a tu cuerpo y a tu mente.
- Concluye esta meditación dedicando tu esfuerzo positivo a la paz y el bienestar de todos los seres del mundo, incluido tú mismo/a.

Capítulo 8 | Integrando los cuatro inconmensurables en nuestra vida

Si has llegado hasta aquí en la lectura, seguro que ya hemos tenido la oportunidad de reflexionar y practicar juntos en torno a los cuatro inconmensurables estados de la mente o las cuatro moradas sublimes. Para nosotros ha sido una aventura provechosa y esperamos que para ti también.

Tal como señaló el Buda hace más de dos mil quinientos años, poner en práctica estas enseñanzas tiene el potencial de transformar nuestras vidas, nuestras relaciones con los demás y el mundo en el cual vivimos.

Cuando nos atrevemos a vivir nuestras vidas desde estas cuatro moradas, reconocemos que no solo estamos entrenando una mente individual, sino que con nuestra práctica corporizada y relacional contribuimos al entorno en el cual vivimos. Tal como señala Jack Kornfield, con la práctica afectamos a este sector de nuestra experiencia donde sí podemos hacer algo. (Kornfield, 1997). Así entonces, la práctica nunca es puramente individual, sino que en todo momento incluye una dimensión relacional y social; actuamos sobre nosotros mismos y, a la vez, sobre quienes nos rodean y sobre el mundo que habitamos.

Podríamos decir que la práctica y el cultivo de los inconmensurables va dejando en nosotros un aroma que nos acompaña adónde vamos y que naturalmente se transmite a los espacios relacionales en los cuales nos movemos. Esto no tiene relación con ir predicando por ahí, nada más lejos de nuestra intención, sino que la práctica va dejando una influencia sutil y al mismo tiempo palpable sobre la calidad de nuestra presencia, y a medida que vamos cultivando nuestra mente-corazón esta va transformando también nuestro entorno. En realidad, no hay una contraposición entre cuidar de nosotros mismos, cuidar de los demás y cuidar de nuestra comunidad, en realidad cada ámbito necesita del otro para sanarse. Creemos que desarrollar esta motivación y ponerla en práctica nos permite desarrollar una ética del cuidado amplia, coherente e inclusiva.

Al ir practicando podemos ir trascendiendo los sesgos cognitivos y afectivos que nos separan de los demás, ya que no solo practicamos para favorecer a un pequeño grupo de personas que consideramos cercano y familiar, sino que lo hacemos con la finalidad de contribuir al bienestar de todos los seres sintientes. Este ideal se ve reflejado en el voto y el compromiso del *bodhisattva*, quien se propone trabajar por el bienestar de todos los seres, sin discriminación alguna, reconociendo que solo así se puede alcanzar el propio bienestar.

El hecho de concebir los cuatro inconmensurables estados de la mente de una manera relacional y social transforma nuestra comprensión de la mente misma. Vemos nuestra mente como una mente situada, ecológica, relacional, como una mente que no está ubicada en «nuestra cabeza», ni siquiera solo en nuestro cuerpo, sino que forma parte de un contexto mucho más amplio, el mundo en el cual habitamos. Cuando practicamos los cuatro inconmensurables estados de la mente estamos haciéndonos cargo de regar las semillas de la ecuanimidad, el amor, la alegría y la compasión que yacen en nosotros y que forman parte también de nuestro mundo circundante.

Al leer los capítulos anteriores quizá te has dado cuenta de que la ecuanimidad, el amor, la alegría y la compasión están íntimamente relacionados entre sí. Son separables solo en términos didácticos, pero en la vida real son profundamente interdependientes, se nutren y necesitan. La práctica de la ecuanimidad favorece directamente la paz y alegría en nuestras vidas, del mismo modo la compasión está muy ligada al amor. Podríamos decir, parafraseando a Thich Nhat Hanh, que los cuatro inconmensurables «inter-son».

Insistimos en el carácter sistémico y ecológico de estas enseñanzas, ya que podemos perder de vista su sentido en un contexto individualista que tiende a ver la práctica como técnica de desarrollo personal o de alivio del estrés. Creemos que cultivar las cuatro moradas sublimes se acerca más a regar de manera hábil nuestro jardín, el cual está conectado con todos los jardines colindantes.

Al ir cerrando este libro, puede ser valioso recordar la intención original que propusimos al comenzarlo, que era la de profundizar en estas habilidades humanas básicas, esperando que pudiera ser un aporte concreto al alivio del sufrimiento y al florecimiento humano. Creemos que habitar estas cuatro moradas sublimes es una fuente inagotable de sabiduría, especialmente si las ponemos en práctica de manera sistemática en nuestra vida cotidiana.

Cultivar estas cuatro habilidades humanas básicas nos permite integrar la meta con el camino, es decir, practicamos habitar la morada a la cual queremos llegar, así la ecuanimidad, el amor, la alegría y la compasión pasan de ser un objetivo o ideal a ser modos de ser y estar en el mundo.

Reconocemos que vivimos tiempos desafiantes en los que estamos enfrentados a enormes y complejos desafíos globales, crisis sociales, políticas, sanitarias y una profunda crisis medioambiental, la cual es el mayor reto de nuestra generación. Vivimos en un contexto donde es fácil caer en el desaliento y donde con urgencia necesitamos renovar nuestra mirada. Estos problemas no son solo dilemas técnicos, sino que, sobre todo, son dilemas éticos y de visión de mundo. Necesitamos desarrollar una perspectiva integral, que no separe artificialmente la transformación personal y social, que integre el desarrollo desde una visión amplia. Es ahí precisamente donde vemos que la ecuanimidad, el amor, la alegría y la compasión nos ofrecen un camino hacia la integración.

No vivimos en el mismo tiempo que el Buda vivió, sin embargo, la naturaleza humana, nuestro sentir y nuestra manera de responder no han cambiado sustancialmente en los últimos miles de años. Siguen latentes las mismas posibilidades de destrucción y de regeneración: creemos que las estrategias del Buda pueden seguir contribuyendo al cultivo de lo más noble que tenemos como humanidad, nuestra capacidad de cuidar de los demás y de nosotros mismos.

Quisiéramos compartir diez ideas que nos parecen centrales y que nos pueden ayudar a aterrizar en nuestras vidas cotidianas lo fundamental que queríamos transmitir en los capítulos anteriores.

1. Utiliza tu capacidad de ser consciente para conectar

Los seres humanos tenemos una sorprendente cualidad como especie, la de ser conscientes de nuestra experiencia. No estamos condenados a vivir nuestras vidas de forma automática, sino que podemos ser conscientes e ir eligiendo y actuando de acuerdo a nuestra conciencia y discernimiento. La presencia plena es una práctica que nos invita a prestar atención a lo que está ocurriendo en el momento presente, de un modo amable y comprensivo. Mindfulness nos recuerda redirigir intencionalmente nuestra mente y corazón a la experiencia directa, de un modo amoroso y conectado. Mantenernos presentes no es un mero redirigir nuestra atención, es habitar nuestras vidas de un modo comprometido, con presencia y apertura.

En un sentido existencial, no existen los «momentos muertos» ni los «instantes intrascendentes», cada momento del día genuinamente es un milagro, porque es y perfectamente podría no estar siendo. No necesitamos esperar tener momentos extraordinarios, es más, nuestra capacidad de estar plenamente vivos en lo cotidiano vuelve extraordinario lo que parece ser ordinario. Este es uno de los milagros de mindfulness.

Queremos invitarte a que aproveches cualquier momento para poner en práctica tu capacidad de estar despierta o despierto, con una disposición de apertura y receptividad, desde el levantarte, darte una ducha, conversar con una amiga o amigo, al comer o simplemente disfrutar de la soledad. No hay momento demasiado superfluo como para no detenernos en él y vivirlo. Nuestra calidad de vida depende, en buena medida, de poner en práctica esta habilidad.

2. Vive más allá de condicionamientos y reacciones automáticas

Nuestra compleja mente ha ido desarrollando mecanismos adaptativos para buscar evitar el sufrimiento, mecanismos que probablemente resultaron útiles en su momento, sin embargo, a medida que estas estrategias defensivas se van desacoplando de nuestra experiencia se pueden transformar en obstáculos.

Reconocemos tres obstáculos principales que en vez de ayudarnos a afrontar el sufrimiento pueden generarlo o amplificarlo: (1) la avidez o la tendencia a perseguir aquello que anhelamos, (2) huir de aquello que creemos que nos va a hacer sufrir, y finalmente

(3) ignorar o desconectarnos de nuestra experiencia. Reconocer estas tres tendencias de nuestra mente abre la posibilidad de no caer de manera automática en ellas, y así establecer una relación más saludable y responsable con nosotros mismos y con los demás.

Observar y reconocer los obstáculos que vamos poniendo en nuestro camino es una práctica para toda la vida, sin embargo, puede ser especialmente valioso reconocer el principal obstáculo con el cual tenemos que lidiar y, luego de reconocerlo, con amabilidad ir observándolo y cuidando de nosotros mismos en el camino, sin esperar que haya cambios mágicos de un día para otro.

Por ejemplo, si te identificas con la tendencia a mantener el control y sueles aferrarte a lo que quieres, antes de intentar cambiar puedes dedicar un tiempo a observar en profundidad cómo se manifiesta esta tendencia en ti. Algunas preguntas que podrían ayudar son: ¿Qué le ocurre a tu cuerpo cuando aparece el afán de controlar? ¿Cuáles son los pensamientos sobre ti y sobre los demás que te acompañan? ¿Cuál es la ganancia que ofrece esta tendencia? ¿Cómo dirías que te relacionas con esta tendencia? ¿Puedes pensar en un modo más amable y saludable de relación con tus obstáculos y reacciones? ¿Cómo podría ser este modo nuevo de relación?

Te invitamos a explorar con cariño, paciencia y cuidado estas preguntas respecto a los obstáculos que identificas en tu camino.

3. Ejercita tu capacidad de cuidarte

Cada uno de nosotros tiene la capacidad de desarrollar estrategias de cuidado, que podemos utilizar para cuidar de los demás y que también podemos poner al servicio de cuidarnos a nosotros mismos.

Junto con preguntarnos qué necesitamos, podemos preguntarnos: ¿Cuáles son las formas en que podría cuidar mejor de mí? Esto no es solo una idea, es algo que podemos comenzar a poner en práctica en este mismo momento.

Sabiendo que no existe una única forma, es posible explorar diferentes maneras prácticas de cuidarnos. Podemos comenzar por identificar las estrategias que nos han funcionado en el pasado, y también podemos imaginar formas nuevas. Por favor, no desestimes el valor de las acciones pequeñas: tomarte un tiempo para descansar, poner una música que te agrade, llamar a una amiga o amigo, comer algo rico, etc.

Cuidar de nosotros mismos es una tarea para toda la vida, y no tiene por qué ser una práctica puramente individual, también podríamos compartir nuestras inquietudes con amigos de confianza, contarles lo que ves y lo que necesitas, escuchar las estrategias que otros ponen en práctica. Al exponer este tema en la conversación pueden surgir posibilidades que no habían aparecido antes.

4. Cultiva una visión sabia con un sentido ético

Como hemos revisado a lo largo del libro, desde la filosofía y la psicología budista se propone un camino práctico orientado a contribuir al bienestar de todos los seres sintientes, incluyéndonos, el cual contempla el desarrollo de una actitud y conducta ética, acompañado de prácticas específicas que estén alineadas con la perspectiva de cuidado.

Un punto clave para desarrollar una visión sabia implica practicar el no aferrarnos a nuestras ideas preconcebidas y atrevernos a entrar en contacto con la vida del modo más directo que podamos.

¿Cómo poner en práctica una visión sabia? Quizás reconociendo nuestros prejuicios cuando estos aparezcan y no dejándonos arrastrar por ellos, y, además, haciendo el ejercicio de entrar en contacto, lo más directo que podamos, con la experiencia. Al ir estableciendo un contacto más directo, podemos también ir desarrollando una visión cada vez más profunda de la situación en la cual nos encontramos, menos guiada por prejuicios, y esto a su vez nos permitirá ir tomando mejores decisiones.

Podemos mirar a los demás con apertura, abriendo un espacio para encontrarnos con ellos, sin anteponer nuestras ideas, como si hiciéramos una pausa o un paréntesis donde nos encontramos y donde podemos compartir.

Si tuviéramos que expresarlo en una frase, la invitación que quisiéramos hacerte es la siguiente: cada vez que puedas, elige entrar en contacto directo con la experiencia y con los demás, indagando, preguntando, cuestionando los propios prejuicios. Quizás al hacerlo te lleves más de una sorpresa.

5. Detente, respira, y contempla con perspectiva

La primera morada que revisamos fue la de la ecuanimidad, la cual implica reconocer nuestra capacidad de tomar perspectiva, y a la vez, mantenernos serenos ante la continua incertidumbre que implica estar vivos. La ecuanimidad no es sinónimo de neutralidad ni se basa en mantener una falsa ilusión de estabilidad, más bien consiste en abrir nuestra mente y corazón para abrazar la impermanencia y la experiencia de todo lo que está ocurriendo. La ecuanimidad implica contemplar y actuar de la manera más consciente que podamos, sabiendo que siempre hay elementos que escapan de nuestro control.

Como hemos visto, la ecuanimidad implica abrirnos a la experiencia del encuentro sin anteponer nuestros prejuicios y preferencias personales, reconociendo el valor de todas y todos, identificando su singularidad.

Podemos poner en práctica la ecuanimidad de diversas maneras, por ejemplo, eligiendo escuchar a los demás y abrirnos a las riquezas de sus experiencias. ¿Cuáles son sus vivencias? Más allá de cualquier comparación con nuestras vidas, ¿qué apreciamos de aquello que nos comparten? ¿Qué vuelve únicos a los demás?

Reconociendo nuestra humanidad compartida podemos poner en práctica la ecuanimidad, viendo a los demás como seres humanos que al igual que nosotros no quieren sufrir y que anhelan tener una buena vida.

6. El amor como posición existencial

El amor es una especie de multivitamínico para el cuerpo y la mente de los seres humanos. Cuando amamos y somos amados podemos encontrar seguridad ya que el amor es el antídoto principal del miedo. El amor es un refugio para quien lo genera y para quien lo recibe. En este libro, hemos explorado el amor como una combinación de un estado emocional apreciativo por la existencia de quien se ama junto a la intención de que el ser amado pueda ser feliz y florecer en todo su potencial. Cuando amamos queremos contribuir a las causas de felicidad de quien se ama.

Al comprender la diferencia fundamental entre el amor y el apego autocentrado («quiero que seas feliz» vs. «tienes que hacerme feliz») estamos en posición de aprender a amar mejor, al ir reconociendo y soltando nuestra tendencia a relacionarnos con quienes amamos desde una perspectiva autocentrada y manipulativa. Poco a poco nos hacemos conscientes de cuándo tratamos a un otro como un «eso» que está ahí para satisfacer nuestros deseos y practicamos reconocerlo más frecuentemente como un «tú» que es libre, digno y no manipulable.

El amor puede y debe incluirnos a nosotros mismos, desarrollando un sano sentido de autoaprecio y una motivación sincera de autoapoyo en el cultivo del propio bienestar. Es esta base de calidez en la relación con uno mismo y con los seres más cercanos lo que nos permite ir expandiendo el círculo del amor hacia más personas desconocidas y neutras, también hacia los animales y las plantas. Naturalmente, esto no significa volverse el mejor amigo de todo el mundo, pero sí puede implicar desarrollar un sentido básico de buena voluntad hacia todos los seres con quienes te cruces en esta vida. Esto genera mucha salud y bienestar en tu mente y cuerpo y, al mismo tiempo, hace más probable que tus acciones y actitudes sean de beneficio para otros.

7. Cultiva la perspectiva de la humanidad compartida

En un contexto donde predominan las relaciones instrumentales, o donde gran parte de nuestras acciones están orientadas a alcanzar alguna meta u objetivo, resulta desafiante elegir un modo de relación diferente, en este caso, un tipo de relación humanizante, cercana y donde prime la aceptación incondicional y el cuidado.

Podemos elegir cultivar en nuestra vida cotidiana el tipo de relación yo/tú, en vez de relacionarnos desde el yo/eso. Esto implica reconocer al otro como alguien legítimo, autónomo y valioso en sí mismo, y no como un objeto o como alguien que está ahí para responder a nuestras necesidades.

En particular, con las personas desconocidas o no cercanas con quienes nos encontremos, podemos elegir verlas como semejantes a nosotros, el sentido de que tenemos una experiencia humana común, donde los otros, al igual que nosotros, tienen anhelos, dificultades y expectativas que nosotros podemos entender. En lo cotidiano, podemos elegir detenernos y reconocer nuestra humanidad compartida. En concreto podemos saludarlos, preguntarles el nombre, podemos ofrecerles una mirada de reconocimiento y quizá una leve sonrisa, sin tener que pedirles nada a cambio y sin esperar una respuesta particular. Estas acciones pueden tomarnos unos segundos y puede transformar significativamente nuestra manera de relacionarnos con los demás.

Por otra parte, con nuestros seres queridos y personas cercanas podemos darnos un tiempo que podríamos denominar de re-comprensión, es decir, de buscar mirarlos y entenderlos más allá de las comprensiones que ya tenemos de ellos. ¿Hay algo de esta persona que no conozca aún? ¿Existe alguna dimensión de su vida que me sea ajena o desconocida? ¿Qué hay de nuevo en la persona que me es cercana y que ya conozco tanto? Mirar a nuestros seres queridos renovando nuestra mirada, mirar quién está siendo la persona que está frente a nosotros y cuestionar nuestras ideas o prejuicios ya establecidos.

Volver a mirar requiere de coraje, requiere que salgamos de nuestra mente y que entremos en contacto fresco con un otro/una otra, y sobre todo requiere abrir nuestra mente y corazón a la presencia de quien tenemos a nuestro lado. Podemos indagar en nuestra experiencia y preguntarnos: «¿Quién realmente está siendo esta persona que está a mi lado?». Escuchemos qué respuesta emerge.

8. Cultiva el aprecio como fuente de alegría

Existen diversas fuentes de alegría, algunas de ellas las reconocemos y aprovechamos, mientras que muchas otras se nos escapan, ya sea por nuestra falta de atención, o por los sesgos y prejuicios que vamos desarrollando con el tiempo. No todo en la vida es sufrimiento y por suerte existen experiencias que nos conectan con el gozo, el amor y la alegría.

Sabiendo que las condiciones en la vida cotidiana nunca son perfectas, podemos aprender a valorar aquello que somos y que tenemos ya disponible.

Sobre nuestra experiencia actual podemos genuinamente preguntarnos:

• ¿Qué hay hoy en mi vida que quizás no haya visto y que sea digno de atención y aprecio?

Te invitamos a detenerte regularmente a explorar todo aquello que consideres valioso en tu vida, incluyendo las cosas más evidentes y también las más sutiles. Conectar con lo apreciable no es solo un ejercicio, puede también transformarse en una fuente continua de renovación, de reencantamiento con lo cotidiano.

Junto con cultivar una mirada apreciativa, podemos cultivar las condiciones que nos brinden esta alegría. Podemos ser agentes que generamos las condiciones para cultivar alegría en la propia vida y en la vida de los demás. Tomando la metáfora del jardín, podemos apreciar y disfrutar de las flores que aparecen en el jardín, y a la vez, necesitamos generar y mantener las condiciones para que el jardín se mantenga saludable.

¿Cómo puedo contribuir a generar o mantener la alegría en mi vida? ¿Qué actitudes y acciones específicas podría cultivar? Incluso podemos indagar en nuestra historia: ¿Qué me ha ayudado antes a cultivar mi alegría?, ¿hay algo de esto que pueda volver a traer a mi vida?

9. Cultiva la alegría empática

Si tenemos una perspectiva relacional y consideramos a los demás como seres significativos en nuestras vidas, podemos genuinamente alegrarnos por sus logros y por el sentido que los demás van encontrando en sus caminos de vida. Podemos valorar la felicidad que los demás van alcanzando, incluso si esta felicidad no tiene una directa relación con nosotros. Podemos alegrarnos por los otros en cuanto ellos mismos.

Si miramos a los demás con estos ojos y nos alegramos por el bien que hay en sus vidas, esto se transforma en una fuente inagotable de alegría.

Para poner el foco en la alegría empática pueden serte de ayuda las siguientes preguntas:

- ¿Qué les brinda felicidad a tus seres queridos?
- ¿Hay algún modo en que tú puedas contribuir directa o indirectamente a llevar alegría a las vidas de los demás?
- Simplemente, ¿hay alguna alegría que hayan alcanzado otros que te haga sentir contenta/o?
- ¿Cómo sería para ti abrirte a la posibilidad de alegrarte por el bienestar de personas que conozcas menos? ¿Hay alguna manera de ponerte en contacto con esto?
- ¿Cómo sería abrirte a la posibilidad de alegrarte incluso por alguien con quien has tenido alguna dificultad? ¿Ves esto posible? ¿Cómo sería?

Como vemos, las fuentes de la alegría empática son inagotables y hoy tenemos la oportunidad de cultivarlas activamente en nuestras vidas.

10. Abraza las dificultades con el poder de la compasión

La compasión es la energía que es capaz de transformar aquello que es difícil en algo significativo. Cuando abrazamos la vulnerabilidad propia y la de los demás con una conciencia libre de juicio y con la motivación genuina de aliviar el sufrimiento, se transforma el espacio relacional, salimos del desamparo y encontramos el cobijo de la conexión humana.

La compasión requiere el cultivo del coraje para mirar lo que incomoda, lo que es difícil, desde el reconocimiento de que evitar lo difícil no genera ningún beneficio. Ese coraje implicado en mirar el sufrimiento en uno mismo y en los demás, junto a la motivación de aliviarlo y prevenirlo puede ser entrenado. Tanto a través de la meditación en compasión como a través de la práctica en lo cotidiano podemos entrenarnos en desarrollar el coraje de entrar en contacto con el sufrimiento e ir reduciendo nuestra tendencia a la evitación. La práctica diaria de este coraje y encarnar cotidianamente microgestos compasivos genera una gran satisfacción que nutre a quien ejerce esa compasión al mismo tiempo que ayuda a quien la recibe.

Debido a que somos una especie profundamente social y nuestra supervivencia depende del cuidado mutuo desde antes de nacer, la compasión viene «de fábrica» en nuestros genes como parte de nuestras estrategias de supervivencia. Sin embargo, algo notable en los seres humanos, es que podemos expandir el círculo de la compasión más allá de lo instintivo para abarcar a todos los seres, lo que el Dalái Lama llama *compasión universal*. Debido a los grandes sufrimientos sistémicos que enfrentamos a nivel planetario y al gran nivel de interdependencia que tenemos, ya no es posible ni útil solo velar por el bien de nuestra propia tribu. Necesitamos desarrollar la compasión universal para enfrentar problemas como una pandemia, la crisis climática, las crisis migratorias, etc.

La buena noticia es que la psicología contemplativa de las tradiciones de sabiduría, y en particular la budista, han desarrollado medios hábiles para ampliar el círculo compasivo desde lo familiar-instintivo a lo universal.

Desde esa perspectiva más amplia, recordemos que siempre es bueno partir por casa: ¿De qué manera puedo hoy ayudar a aliviar o prevenir el sufrimiento de alguna persona o algún animal?, ¿de qué forma puedo usar mis recursos, sean cuales fueren, en beneficio de los demás seres? Y, partiendo por uno mismo: ¿De qué manera puedo relacionarme con mis propias dificultades y vulnerabilidades con compasión?

Finalmente, antes de invitarte a nuestra última práctica, quisiéramos dejar un breve espacio para despedirnos.

En primer lugar, queremos agradecerte por haber seguido tu intuición y haber dedicado este tiempo valioso de tu vida a leer este libro. Gracias por haber entrado a dialogar con nosotros, lo cual esperamos que haya resultado nutritivo, tanto como lo ha sido para nosotros escribir este ramillete de palabras y practicar contigo.

Queremos decirte que te imaginamos ahí leyendo y practicando y nos vemos compartiendo un mismo camino. Estamos recorriendo un sendero que nos trasciende, que comenzó hace más de dos mil quinientos años y que se ha mantenido ininterrumpidamente hasta nuestros días. Este camino ha resultado transformador en nuestras vidas y esperamos que pueda aportar algo a la tuya.

Aun cuando el libro esté llegando a su fin, más bien vemos que este final se asemeja a un comenzar de nuevo. En este inicio/fin nos viene bien recordar que el futuro no está escrito y que mientras estemos vivos y estemos conscientes tenemos la posibilidad de ser más ecuánimes, alegres, amorosos y compasivos, tanto con nosotros mismos como con todos con quienes nos vayamos encontrando.

De corazón, gracias por compartir este viaje.

Llegamos, ahora sí, a la última estación, concluimos el libro con una última práctica, que te invitamos a realizar con nosotros y que integran las cuatro moradas sublimes.

PRÁCTICA 16: Habitando las cuatro moradas sublimes

Encontrarás las instrucciones completas de esta práctica en un audio que podrás oír y descargar en la web de Editorial Sirio. Para acceder a este archivo debes entrar en www.editorialsirio.com, seleccionar la ficha de este libro escribiendo el título en la barra de búsqueda y, una vez ahí, verás los audios en la sección de «Audios relacionados».*

- Por favor, elige un lugar cómodo para realizar esta última práctica, un espacio donde te sientas tranquila/o.
- Puedes llevar tu atención a lo inmediato, a los sonidos de tu entorno, a los colores que te rodean, poco a poco puedes acercarte a tu cuerpo y tomar conciencia de tu respiración, no para controlarla, sino para acompañarla con tu atención, también puedes incluir la consciencia corporal, habitando tu cuerpo y sintiendo la estabilidad de este en este preciso momento.
- Poco a poco, te invitamos a hacer presente la intención de conectar con estos cuatro estados que habitan en ti y sobre los cuales has estado leyendo y practicando en este libro.
- Cuando te sientas cómoda/o, te invitamos a dejarte sentir la ecuanimidad presente en ti, y a traer las siguientes intenciones:

  » Que pueda estar libre de visiones sesgadas y de prejuicios.
  » Que pueda conocer las cosas tal como se están manifestando.
  » Que pueda experimentar el mundo conociéndome tal como soy.
  » Que pueda ver con claridad todo lo que emerge, sin los filtros del apego, la aversión y la ignorancia.

- Podemos hacer una pausa y dejarnos sentir esta conexión con la ecuanimidad en nosotros, lo podemos hacer el tiempo que lo necesitemos.
- Cuando nos sintamos preparados, podemos conectar con la cualidad del amor presente en nuestras vidas. Puede ayudarnos hacer presentes las siguientes intenciones:

---

* N. del E.: En caso de incidencia puedes escribir a sirio@editorialsirio.com

» Que pueda sentirme feliz y conectar con las causas de la felicidad.

» Que pueda abrir mi corazón y encontrarme con los demás.

» Que pueda experimentar el mundo abriéndose hacia mí tal como soy.

» Que pueda darle la bienvenida a todo lo que surja.

- Nuevamente podemos detenernos un momento y darnos el tiempo que sea necesario para reconocer cómo nos sentimos, conectando con las semillas amorosas que habitan en nosotros.

- Podemos disponernos a entrar en contacto con la alegría que está presente en nosotros, y hacer presentes las siguientes intenciones:

» Que pueda disfrutar de mis actividades cotidianas con alegría.

» Que pueda disfrutar profundamente de las cosas tal como son.

» Que pueda experimentar el mundo, disfrutando la alegría de lo que hago.

» Que pueda alegrarme por el bienestar y los logros alcanzados por los demás.

- Hacemos una nueva pausa, conectamos y hacemos presente qué ha ido emergiendo en nosotros a lo largo de esta práctica.

- Finalmente, cuando nos sintamos preparados podemos conectar con las intenciones asociadas a la compasión:

Compasión

» Que pueda estar libre del sufrimiento y de las causas del sufrimiento.

» Que mi vida pueda contribuir al alivio del sufrimiento de otros

» Que encontremos paz y alegría, salud y bienestar.

» Que todos los seres puedan sentirse seguros, protegidos y contentos.

- Podemos dejar unos minutos finales para permanecer en silencio.
- Antes de ir concluyendo esta práctica, podemos experimentar cómo se siente regar estas semillas en nosotros, permitiéndonos sentir nuestro cuerpo y nuestra mente/corazón.
- Cuando te sientas preparada/o, podemos amablemente ir saliendo de esta práctica de manera pausada.
- Si tenemos la posibilidad, podemos dedicar unos últimos minutos a escribir qué rescatamos tras realizar esta práctica y también de ir llegando al final de este camino.

_____

_____

_____

_____

_____

_____

_____

- Tras estos minutos de escribir, puedes tomar consciencia de tu entorno, incluyendo esta última página. Al ir cerrándolo puedes reconocer cómo el mundo en el que estás habitando te ofrecerá múltiples oportunidades para practicar lo aquí compartido.

Con gratitud nos despedimos de ti.

Claudio y Gonzalo.

Referencias

Ainsworth, M. D. S., Waters, E., Wall, S. N., & Blehar, M. C. (2015). *Patterns of Attachment: A Psychological Study of the Strange Situation*. Taylor & Francis.

Alexander, B. K., Coambs, R. B., & Hadaway, P. F. (1978). The effect of housing and gender on morphine self-administration in rats. *Psychopharmacology*, 58(2), 175-179.

Alexander, B. K., & Hadaway, P. F. (1982). Opiate addiction: the case for an adaptive orientation. *Psychological bulletin*, 92(2), 367.

Alexander, B. K., Peele, S., Hadaway, P. F., Morse, S. J., Brodsky, A., & Beyerstein, B. L. (1985). Adult, infant, and animal addiction. *The meaning of addiction*, 77-96.

The Best of Jack Kornfield: Life, Teachings, Quotes, and Books. (2017, August 4). Lion's Roar. Retrieved December 21, 2021, from https://www.lionsroar.com/jack-kornfield-best-of-life-teachings-quotes-and-books/

Benedetti, M. (1979) *Cotidianas*. Visor Libros.

Bowlby, J. (1972). *Cuidado maternal y amor*. Fondo de Cultura Económica.

Bowlby, J. (1998). *El apego*. Ediciones Paidós.

Bowlby, J. (2014). *Vínculos afectivos: formación, desarrollo y pérdida: Edición renovada* (A. Guera Mirales, Trans.). Ediciones Morata.

Bregman, R. (2021). *Dignos de ser humanos: Una nueva perspectiva histórica de la humanidad* (G. Fernández Gómez, Trans.). Editorial Anagrama.

Brito-Pons, G., Campos, D., & Cebolla, A. (2018). Implicit or Explicit Compassion? Effects of Compassion Cultivation Training and Comparison with Mindfulness-based Stress Reduction. *Mindfulness*, 9(5), 1494–1508. https://doi.org/10.1007/s12671-018-0898-z

Brito-Pons G, Librada-Flores S. Compassion in palliative care: a review. *Curr Opin Support Palliat Care. 2018 Dec; 12(4):472-479.*

Buber, M. (1993). *Yo y Tú* (traducción Carlos Díaz). Editorial Caparrós.

Burkeman, O. (2022). *Cuatro mil semanas: Gestión del tiempo para mortales*. Editorial Planeta.

Chödrön, P. (2016). *Comienza donde estás: una guía para vivir compasivamente*. Gaia.

Brito Pons, G., & Cullen, M. (2020). *Mindfulness y equilibrio emocional*. Editorial Sirio.

Carter, J. R. (1998). *The Dhammapada*. Oxford University Press.

Curtin, R. (2019). *Is it possible to love without attachment?* Robina's Blog https://robinacourtin.com/robina-s-blog/is-it-possible-to-love-without-attachment_2/

Dambrun, M., & Ricard, M. (2011). Self-centeredness and selflessness: A theory of self-based psychological functioning and its consequences for happiness. Review of General Psychology, 15(2), 138-157.

Davidson, R. J. (2018). Impact of short- and long-term mindfulness meditation training on amygdala reactivity to emotional stimuli. *NeuroImage*, *181*(July), 301–313. https://doi.org/10.1016/j.neuroimage.2018.07.013

Diario *El Financiero* (22 de febrero, 2017). *Se acabó la fiesta; el Mediterráneo es un cementerio: Serrat*. Recuperado de: https://www.elfinanciero.com.mx/after-office/se-acabo-la-fiesta-el-mediterraneo-es-un-cementerio-serrat/

Egbert, L. D., Battit, G. E., Welch, C. E., & Bartlett, M. K. (1964). Reduction of postoperative pain by encouragement and instruction of patients: a study of doctor-patient rapport. *New England Journal of Medicine*, 270(16), 825-827.

Elbert, T., Pantev, C., Wienbruch, C., Rockstroh, B., & Taub, E. (1995). Increased cortical representation of the fingers of the left hand in string players. *Science*, 270(5234), 305-307.

Esch, T., & Stefano, G. B. (2011). The neurobiological link between compassion and love. Medical science monitor. *International medical journal of experimental and clinical research*, 17(3), RA65–RA75. https://doi.org/10.12659/msm.881441

Feldman, C. (2017). *Boundless heart: The Buddha's path of kindness, compassion, joy, and equanimity*. Shambhala Publications

Frankl V. E. (2008). *El hombre en busca de sentido*. Herder.

Fredrickson, B. (2013). *Love 2.0: How Our Supreme Emotion Affects Everything We Feel, Think, Do, and Become*. Hudson Street Press.

Galeano, E. (1989). *El libro de los abrazos*. Siglo XXI.

Gilbert, P. (2014). *Terapia centrada en la compasión: características distintivas*. Desclée de Brouwer.

Gilbert, P. (2018). *La mente compasiva: una nueva forma de enfrentarse a los desafíos vitales* (G. Moraleda, Trans.). Eleftheria.

Han, B.-C. (2014). *La sociedad del cansancio*. Herder.

Heidegger, M. (2005). *Ser y tiempo (rustica)*. Editorial Universitaria.

Heisig, J. W. (2015). Nishida's Philosophical Equivalents of Enlightenment and No-Self. Bulletin of the Nanzan Institute for Religion & Culture, 39, 36-60.

Hoekstra, A. Y., & Mekonnen, M. M. (2012). The water footprint of humanity. Proceedings of the national academy of sciences, 109(9), 3232-3237.

Huang, Y.-W., Lin, P.-C., & Wang, J. (2018). The influence of bus and taxi drivers' public self-consciousness and social anxiety on aberrant driving behaviors. In Accident Analysis & Prevention (Vol. 117, pp. 145–153). https://doi.org/10.1016/j.aap.2018.04.014

Kabat-Zinn, J. (2017). *Vivir con plenitud las crisis (Ed. revisada y actualizada): Cómo utilizar la sabiduría del cuerpo y de la mente para enfrentarnos al estrés, el dolor y la enfermedad* (D. González Raga, Trans.). Editorial Kairós.

Khyentse, D. (1994). *Compasión intrépida*. Dharma, Ediciones.

Klimecki, O., & Singer, T. (2012). Empathic distress fatigue rather than compassion fatigue? Integrating findings from empathy research in psychology and social neuroscience. In B. Oakley, A. Knafo, G. Madhavan, & D. S. Wilson (Eds.), Pathological altruism (pp. 368–383). Oxford University Press.

Kohlenberg, R. J. (2008). *FAP. Psicoterapia Analítica Funcional. Creación de relaciones terapéuticas intensas y curativas.* Servicio de Publicaciones e Intercambio Científico de la Universidad de Málaga.

Kornfield, J. (1997). *Camino con corazón: guía a través de los peligros y promesas de la vida espiritual*. Los Libros de la Liebre de Marzo.

Kral, T. R. A., Schuyler, B. S., Mumford, J. A., Rosenkranz, M. A., Lutz, A., & Singer, T., & Klimecki, O. M. (2014). Empathy and compassion. *Current Biology*, *24*(18), R875–R878. https://doi.org/10.1016/j.cub.2014.06.054

Lama, D. (2001). *Ethics for the New Millennium*. Penguin Publishing Group.

Lama, D. (2002). *El arte de la felicidad* (J. M. Pomares, Trans.). Grijalbo Mondadori.

Lama, D., & Cutler, H. C. (2010). *El arte de la felicidad*. DEBOLSILLO.

Machado, A. (1999). *Antología comentada: Prosa* (F. Caudet, Ed.). Ediciones de la Torre.

Maguire, E. A., Gadian, D. G., Johnsrude, I. S., Good, C. D., Ashburner, J., Frackowiak, R. S. J., & Frith, C. D. (2000). Navigation-related structural change in the hippocampi of taxi drivers. *Proceedings of the National Academy of Sciences of the United States of America*, 97(8), 4398–4403. https://doi.org/10.1073/pnas.070039597

Maguire, E. A., Woollett, K., & Spiers, H. J. (2006). London taxi drivers and bus drivers: a structural MRI and neuropsychological analysis. Hippocampus, 16(12), 1091–1101.

Marshall, S. L. A. (2000). *Men Against Fire: The Problem of Battle Command*. University of Oklahoma Press.

Namgyel, E. M. (2018). *The Logic of Faith: A Buddhist Approach to Finding Certainty Beyond Belief and Doubt*. Boulder. Shambhala Publications.

Mingyur Rinpoche, Y. (2017). *Transformar la confusión en claridad: Una guía de las prácticas fundacionales del budismo tibetano*. Editorial Kairós.

National Academies of Sciences, Engineering, and Medicine. (2020). *Social isolation and loneliness in older adults: Opportunities for the health care system*. National Academies Press.

Nhat Hanh, T. (1975). *The Miracles of Mindfulness*. Beacon Press.

Nhat Hanh, T. (1998). *Interbeing: Fourteen Guidelines for Engaged Buddhism* (F. Eppsteiner, Ed.). Parallax Press.

Nhat Hanh, T. (2000). *La paz está en cada paso: el camino de la plena presencia en la vida cotidiana*. Sello Azul.

Nhat, Hanh,T. *(2001). Llamadme por mis verdaderos nombres: Poemas*. La Llave.

Nhat Hanh, T. (2007). *Enseñanzas sobre el amor/ Teaching on Love: Una guía para alcanzar la plenitud en las relaciones humanas/ A Guide to Achieving the Fullness in Human Relations*. Ediciones Oniro.

Hanh, T. N. (2009). *The heart of understanding: Commentaries on the Prajnaparamita Heart Sutra*. Parallax Press.

Nhat Hanh, T. (2012). *Cómo lograr el milagro de vivir despierto*. Jaguar Ediciones.

Nhat Hanh, T. (2012). *La paz está en tu interior: Prácticas diarias de mindfulness* (A. F. Rodríguez Esteban, Trans.). Ediciones Oniro.

Nhat Hanh, T. (2018). *El corazón de las enseñanzas de Buda: El arte de transformar el sufrimiento en paz, alegría y liberación* (A. F. Rodríguez Esteban & N. Martí, Trans.). Grupo Planeta.

Nussbaum, M. C. (2001). *El cultivo de la humanidad: una defensa clásica de la reforma en la educación liberal* (J. Pailaya, Trans.). Andres Bello.

O'Donohue, J. (1997). *Anam Cara: Spiritual Wisdom from the Celtic World*. Bantam Books. (Publicado en castellano por Editorial Sirio).

Oliver, M. (1986). *Dream Work*. Atlantic Monthly Press.

Ortega y Gasset, J. (2014). *Meditaciones del Quijote y otros ensayos*. Alianza editorial.

Parra, N. (1969/2012). *Obra gruesa*. Ediciones Universidad Diego Portales.

Parra, N. (1988). *Poemas y antipoemas (1954)* (R. d. Costa, Ed.). Cátedra.

Ricard, M. (2016). *En defensa del altruismo*. Ediciones Urano.

Ricard, M., Lutz, A., & Davidson, R. J. (2014). «Mind of the Meditator». *Scientific American*, *311*(5), 38–45. https://doi.org/10.1038/scientificamerican1114-38

Rivera, J. E. (1999). *De asombros y nostalgia: Ensayos filosóficos*. Universidad de Playa Ancha, Facultad de Humanidades, Departamento de Filosofía y Ciencias Sociales.

Rodríguez, S. (1984). Me veo Claramente (Canción). *Tríptico, Vol. 2*. Egrem.

Rosenberg, M. B. (2017). *Comunicación no violenta: un lenguaje de vida: Herramientas que cambian la vida para mantener relaciones sanas* (N. Jiménez Díaz, Trans.). Editorial Acanto.

Salzberg, S. (1995). *Lovingkindness: The revolutionary art of happiness*. Shambhala.

Salzberg, S. (2017). *Real Love: The Art of Mindful Connection*. Pan Macmillan.

Santa Biblia Reina Valera 1960. (2017). *RVR60 Santa Biblia - Edición Misionera*. Grupo Nelson.

Sartre, J. P. (1999). *El existencialismo es un humanismo*. Edhasa.

Shah, I. (2013). *Las ocurrencias del increíble Mulá Nasrudín*. Ediciones Paidós Ibérica, S.A.

Shapiro S. L. (2009). «The integration of mindfulness and psychology». *Journal of clinical psychology*, *65*(6), 555–560. https://doi.org/10.1002/jclp.20602

Siegel, D. J. (2012). *Pocket Guide to Interpersonal Neurobiology: An Integrative Handbook of the Mind (Norton Series on Interpersonal Neurobiology)*. W. W. Norton.

Simon-Thomas, E. (2012). «Three Insights from the Cutting Edge of Compassion Research». *Greater Good Science Magazine*, Septiembre 2012. https://greatergood.berkeley.edu/article/item/three_insights_from_the_cutting_edge_of_compassion_research

Singer, T., & Engert, V. (2019). «It matters what you practice: differential training effects on subjective experience, behavior, brain and body in the ReSource Project». *Current Opinion in Psychology*, *28*, 151–158. https://doi.org/10.1016/J.COPSYC.2018.12.005

Suzuki, S. (2012). *Mente zen, mente de principiante / zen Mind, Beginner 's Mind: Charlas informales sobre la meditación y la práctica del zen / Informal talks on zen meditation and practice* (M. Iribarren, Trans.). Gaia Books.

Tang, R., Friston, K. J., & Tang, Y. Y. (2020). «Brief mindfulness meditation induces gray matter changes in a brain hub». *Neural Plasticity*, *2020*. https://doi.org/10.1155/2020/8830005

Tejaniya, S. U. (2016). *When Awareness Becomes Natural: A Guide to Cultivating Mindfulness in Everyday Life*. Shambhala.

Tejaniya, S. U. (2016). *When Awareness Becomes Natural: A Guide to Cultivating Mindfulness in Everyday Life* (R. French, Ed.). Shambhala.

Tsai, M., Holman, G. I., Plummer Loudon, M., Kohlenberg, R., & Kanter, J. W. (2012). *Functional Analytic Psychotherapy: Distinctive Features*. Taylor & Francis.

Twenge, J. M., Konrath, S., Foster, J. D., Campbell, W. K., & Bushman, B. J. (2008). «Egos inflating over time: A cross-temporal meta-analysis of the narcissistic personality inventory». *Journal of Personality*, 76(4), 875–902. https://doi.org/10.1111/j.1467-6494.2008.00507.x

Varela, F. J., Thompson, E., & Rosch, E. (1997). *De cuerpo presente: las ciencias cognitivas y la experiencia humana* (C. Gardini, Trans.). Gedisa.

Ware, B. (2012). *The Top Five Regrets of the Dying: A Life Transformed by the Dearly Departing*. Hay House.

Welwood, J. (1984). «Principles of inner work: Psychological and spiritual». *Journal of Transpersonal Psychology*, 16(1), 63-73.

Whitman, W. (1999). *Hojas de hierba: antología bilingüe* (M. Villar Raso, Ed.; M. Villar Raso, Trans.). Alianza.

Wittgenstein, L. (1921/2012). *Tractatus logico-philosophicus / Logical-Philosophical Treatise*. Tecnos.

Wu, Y., Zhang, J., Zeng, Y., & Shen, C. (2015). Structural brain plasticity change in athletes associated with different sports. *China Sport Science*, 35(4), 52–57.

Zinn, H. (2018). *You can't be neutral on a moving train: A personal history*. Beacon Press.

Anexo | Recursos para mantener la práctica

Páginas web

- Cultivar la Mente: Cultivarlamente.com (Web de Gonzalo Brito)
- Mindfulness.cl: Mindfulness.cl (Web de Claudio Araya)
- Fundación Humanidad Compartida: humanidadcompartida.org

Sobre los autores

CLAUDIO ARAYA VÉLIZ, PHD.

Psicólogo clínico y doctor en investigación en psicoterapia de la Pontificia Universidad Católica de Chile. Es docente e investigador en la Escuela de Psicología de la Universidad Adolfo Ibáñez. Su trabajo ha estado orientado en desarrollar una perspectiva enactiva y relacional de mindfulness, junto con la aplicación de mindfulness y autocompasión en diferentes contextos, especialmente en contextos de vulnerabilidad psicosocial.

Se ha formado como instructor de los programas de mindfulness para la reducción de estrés (MBSR) y del programa de mindfulness y autocompasión (MSC). Actualmente es director del Diplomado en Mindfulness Relacional y Prácticas de Bienestar impartido por la Escuela de Psicología de la Universidad Adolfo Ibáñez.

Es autor de los libros: *El mayor avance es detenerse, mindfulness en lo cotidiano* (2010), *Humanidad compartida* (2019) y *Abrojos* (2022), es coautor de los libros: *Presencia plena* (2014) y *Mindfulness día a día, el gozo de la práctica* (2021).

Más detalles en: https://psicologia.uai.cl/profesor/claudio-araya/

GONZALO BRITO PONS, PHD.

Psicólogo clínico de la Pontificia Universidad Católica de Chile y doctor en psicología del Institute of Transpersonal Psychology, Estados Unidos. Estudió en el Centro para la Investigación y la Educación en la Compasión y el Altruismo de la Escuela de Medicina de la Universidad de Stanford (CCARE), siendo actualmente director de la Formación Internacional de Instructores del programa Compassion Cultivation Training (CCT) para países de habla hispana. Formado en Terapia Centrada en la Compasión en la Universidad de Derby, Inglaterra, bajo la supervisión de Paul Gilbert, ha entrenado a centenares de psicólogos y psiquiatras de diversos países en este enfoque psicoterapéutico. También ha ofrecido cursos, formaciones y retiros sobre psicología de la compasión, mindfulness y regulación emocional en más de diez países. Es coautor de los libros *Presencia plena* y *Mindfulness y equilibrio emocional* y escribe regularmente en su página www.cultivarlamente.com. Recientemente ha dirigido el ciclo «Reimaginar lo humano», una serie de conversaciones orientadas a repensarnos a nivel individual y colectivo (https://cultivarlamente.com/reimaginar-lo-humano/).